SENSIS

ECON
Spiele und Unterhaltung

Peter Lauster

SENSIS

Sich selbst und andere besser kennenlernen

Ein psychologisches Gesellschaftsspiel

ETB
ECON Taschenbuch Verlag

CIP-Kurztitelaufnahme der Deutschen Bibliothek

Lauster, Peter:
SENSIS: Sich selbst und andere besser kennenlernen;
ein psychologisches Gesellschaftsspiel / Peter Lauster.
Düsseldorf: ECON Taschenbuch Verlag, 1986.
(ETB 20170: Spiele und Unterhaltung)
ISBN 3-612-20170-0

2. Auflage 1987

ECON Taschenbuch Verlag GmbH, Düsseldorf
Lizenzausgabe
Mai 1986

Umschlagentwurf: Ludwig Kaiser
Titelbild: Peter Lauster
Druck und Bindearbeiten: Ebner Ulm
Printed in Germany
ISBN 3-612-20170-0

Inhalt

Vorwort

Dieses Spiel ist erstmals im Herbst 1973 in einer psychologischen Spielereihe bei der Deutschen Verlagsanstalt erschienen. Es war leider seit 10 Jahren vergriffen, da der Verlag sein Spieleprogramm komplett eingestellt hat.
Deshalb danke ich dem ECON Taschenbuch Verlag, daß er SENSIS jetzt meinen Lesern wieder zugänglich macht, denn es hat von seiner Aktualität nichts verloren. Ein ähnliches Spiel ist seit etwa einem Jahr in Amerika ein großer Erfolg, es heißt »Skrupel« und wurde fast eine Million mal verkauft. Die Fragekarten sind »amerikanischer« als in SENSIS (z. B. »Ihre Ex-Geliebte wird berühmt. Verkaufen Sie deren in Ihrem Besitz befindlichen Aktfotos für 300000 Dollar?«), aber das Spielprinzip ist das gleiche: Es geht wie bei SENSIS darum, daß man miteinander in ein anregendes Gespräch kommt und so sich selbst und andere besser kennenlernen kann; dabei wünsche ich Ihnen viel Freude.

Köln, Januar 1986

Einleitung

Bei diesem psychologischen Gesellschaftsspiel werden allen Teilnehmern interessante Fragen gestellt. Jeder soll erraten, wie die Fragen beantwortet werden. Es geht dabei um Verständnis für andere, um Einfühlung in die Psyche und die Art des Denkens. Man fragt sich: Wie würde er/sie sich in dieser Situation wohl verhalten?
Das psychologisch spannende Spiel schafft die Bereitschaft zum Verständnis der Teilnehmer, ganz gleich, wie sympathisch man sie im einzelnen findet. Es fordert Toleranz und Kontaktbereitschaft heraus und fördert damit die Sympathie der Mitspieler untereinander.
Während des Spiels ist jeder (auch wer gerade nicht an der Reihe ist) engagiert, denn er wird stets zur konkreten Stellungnahme mit 2 Antwortkarten aufgefordert.
Der Reiz von SENSIS liegt also darin, Verständnis für jeden Teilnehmer, auch den Außenseiter oder aggressiven Nörgler, aufzubringen. Jedem Mitspieler bringt das Spiel deshalb auch eine Befriedigung, weil er spürt, daß er verstanden wird oder die anderen enttäuscht sind, wenn sie ihn einmal nicht verstanden haben.
Während des Spiels herrscht eine lockere und ausgeglichene Atmosphäre.
SENSIS will keine Aggressionen wecken, sondern die Spielteilnehmer veranlassen, leichter zueinander zu finden. Nach der Auswertung am Ende des Spiels kann jeder auf seiner »Harmoniekarte« feststellen, in wen er sich besonders gut oder weniger gut einfühlen kann. Der Spielleiter ermittelt zusätzlich die Person, die am besten mit allen Teilnehmern harmoniert. Diese Person ist der »Gewinner des Spiels«.
Daneben gibt es noch weitere Möglichkeiten der Auswertung, die in der folgenden Spielanleitung ausführlich besprochen werden.

Zuerst die Spielkarten ausschneiden!

Alle Fragekarten sowie die »Ja«- und »Nein«-Karten werden für das Spiel aus dem Buch entnommen und entlang der Umrahmung ausgeschnitten (hinter Seite 21).

Antwortkarten

ja	nein
SENSIS	SENSIS

Spielanleitung

Zuerst wird der Spielleiter bestimmt. Der Besitzer des Spiels bietet sich am ehesten als Spielleiter an. Er mischt die Fragekarten und teilt an jeden Mitspieler eine bestimmte Anzahl aus. Die genaue Zahl der Fragekarten hängt von der Zahl der Mitspieler ab. Die Tabelle zeigt, wie viele Karten jeder bekommt.

Anzahl der Mitspieler	Anzahl der Fragekarten pro Person
3 – 5	10
6 – 8	7
9 – 12	5

Die restlichen Fragekarten können weggelegt werden. Jeder Teilnehmer erhält auch eine Ja-, eine Nein- und eine Harmoniekarte.

Der Spielleiter stellt die 1. Frage an die Person, die rechts neben ihm sitzt. Seine Frage kann er nach eigenem Belieben aus seinen Fragekarten auswählen.

Er liest beispielsweise die Frage vor: »Finden Sie zu fremden Menschen schnell Kontakt?« (Wenn er mit dem Spielteilnehmer »per Du« ist, gebraucht er natürlich die Anrede »Du«.) Die gefragte Person, nennen wir sie in unserem Beispiel Hans, muß die Frage mit ja oder nein beantworten. Hans verwendet zur Beantwortung also entweder die Ja- oder die Nein-Karte.

Der Spielleiter fordert alle Mitspieler auf zu erraten, welche Antwort Hans gibt. Antwortet er mit ja oder nein? Jeder überlegt also für sich, wie Hans die Frage beantworten wird. Wer glaubt, daß die Frage von Hans bejaht wird, legt die Ja-Karte verdeckt nach oben, wer glaubt, daß sie verneint wird, legt die Nein-Karte nach oben.

Der Spielleiter fragt: »Haben sich alle entschieden? Dann zeigen alle die Ja- oder Nein-Karte auf.« Sobald alle ihre Antwortkarten hochzeigen, sieht jeder, ob er mit Hans übereinstimmt oder nicht, denn auch Hans muß jetzt seine Antwortkarte hochhalten.

Die Funktion der Harmoniekarte

Wer mit Hans übereinstimmt, darf sich auf der Harmoniekarte in der Zeile Hans ein Kreuz (Harmoniepunkt) machen. Wer nicht übereinstimmt, macht selbstverständlich kein Kreuz.
So sieht am Schluß des Spiels eine ausgefüllte Harmoniekarte aus:

SENSIS Harmoniekarte SENSIS

Name Martin | Datum

Spielteilnehmer	Harmoniepunkte
1. Hans	☒ ☒ ☒ ☐ ☐ ☐ ☐ ☐ ☐ ☐
2. Sybille	☒ ☒ ☒ ☒ ☐ ☐ ☐ ☐ ☐ ☐
3. Egon	☒ ☐ ☐ ☐ ☐ ☐ ☐ ☐ ☐ ☐
4. Fritz	☒ ☒ ☐ ☐ ☐ ☐ ☐ ☐ ☐ ☐
5. Martina	☒ ☒ ☒ ☒ ☐ ☐ ☐ ☐ ☐ ☐
6. Werner	☒ ☒ ☒ ☒ ☒ ☐ ☐ ☐ ☐ ☐
7. Roswitha	☒ ☒ ☐ ☐ ☐ ☐ ☐ ☐ ☐ ☐
8. Uschi	☒ ☐ ☐ ☐ ☐ ☐ ☐ ☐ ☐ ☐
9. —	☐ ☐ ☐ ☐ ☐ ☐ ☐ ☐ ☐ ☐
10. —	☐ ☐ ☐ ☐ ☐ ☐ ☐ ☐ ☐ ☐
11. —	☐ ☐ ☐ ☐ ☐ ☐ ☐ ☐ ☐ ☐
Übereinstimmungen insgesamt	22

Bei 3 Spielteilnehmern sind pro Person maximal 10 Harmoniepunkte möglich, bei 12 Spielteilnehmern dagegen maximal 5 Harmoniepunkte entsprechend der Zahl der ausgegebenen Fragen.
Auf der Karte kann jeder am Schluß des Spiels an der Zahl der Harmoniepunkte selbst feststellen, in wen er sich am besten einfühlen kann und in wen am schlechtesten.
Die ausgefüllte Harmoniekarte zeigt, daß sich Martin am besten in Werner und am schlechtesten in Egon und Uschi einfühlen kann.

Die Reihenfolge

Wer eine Frage beantwortet hat, stellt die nächste Frage an die Person, die rechts neben ihm sitzt. Sie stellt dann wiederum die nächste Frage an die Person, die rechts neben ihr sitzt.
Jede beantwortete Fragekarte wird auf dem Tisch abgelegt. Das Spiel ist beendet, wenn alle Teilnehmer alle Fragekarten abgelegt haben. Dann ermittelt der Spielleiter auf der Gewinnerkarte (die nur er besitzt) den »Sieger«.

Die Funktion der Gewinnerkarte

Die Namen aller Spielteilnehmer werden in der Spalte eingetragen. Der Spielleiter trägt hier auch seinen eigenen Namen ein. Er fordert dann alle auf, die Summe aller Harmoniepunkte (Anzahl der Kreuze) auf ihrer Harmoniekarte einzutragen und laut vorzulesen. Die Zahlen werden in der Gewinnerkarte eingetragen.
So erkennt der Spielleiter, wer insgesamt die meisten und die wenigsten Übereinstimmungen hat. Wer die meisten Harmoniepunkte gesammelt hat, kann sich am besten einfühlen. *Er ist der Gewinner des Spiels.*
Beispiel einer ausgefüllten Gewinnerkarte:

SENSIS Gewinnerkarte SENSIS

für den Spielleiter

Spielteilnehmer	Anzahl der Übereinstimmungen mit allen Spielteilnehmern
1. Martin	22
2. Sybille	27
3. Egon	15
4. Fritz	12
5. Martina	20
6. Werner	32
7. Roswitha	12
8. Uschi	23
9. Hans	28
10. —	
11. —	
12. —	

Zusätzliche Möglichkeiten der Auswertung

Nach der Ermittlung des Gewinners kann das Spiel beendet werden. Wenn eine Spielgruppe jedoch noch etwas tiefer in die Zusammenhänge ihrer sozialen Struktur eindringen will, ist auf der Gewinnerkarte noch eine weitere Auswertung möglich.
Der Spielleiter ruft den 1. Namen auf, und jeder Teilnehmer nennt seine Harmoniepunkte bei dieser Person, die vom Spielleiter aufgeschrieben und addiert werden. Dann ruft der Spielleiter den 2. Namen auf, bildet die Summe, und so weiter.
Wenn die Summe von allen Mitspielern vorliegt, sieht der Spielleiter, in welche Person sich die anderen am besten einfühlen können und wer am rätselhaftesten ist (von den Mitspielern also insgesamt die wenigsten Harmoniepunkte erhalten hat). Beispiel einer ausgefüllten Gewinnerkarte:

SENSIS Gewinnerkarte SENSIS
für den Spielleiter

Spielteilnehmer	Anzahl der Übereinstimmungen mit allen Spielteilnehmern	Zusatzauswertung
1. Martin	22	30
2. Sybille	27	30
3. Egon	15	9
4. Fritz	12	22
5. Martina	20	19
6. Werner	32	12
7. Roswitha	12	40
8. Uschi	23	15
9. Hans	28	14
10. —		
11. —		
12. —		

Die Zusatzauswertung zeigt, daß sich die Spielgruppe am leichtesten in Roswitha hineindenken kann, während Egon am rätselhaftesten ist.

Das Soziogramm

Die Beziehungen der Mitspieler können auch optisch sichtbar gemacht werden. Wie das funktioniert, zeigt das folgende Beispiel. So sehen die Harmoniekarten der 4 Spieler Max, Roswitha, Peter und Uschi aus:

SENSIS Harmoniekarte SENSIS

Name Max | Datum

Spielteilnehmer	Harmoniepunkte
1. Roswitha	☒ ☒ ☒ ☒ ☒ ☒ ☒ ☒ ☒ ☒
2. Peter	☒ ☒ ☒ ☒ ☐ ☐ ☐ ☐ ☐ ☐
3. Uschi	☒ ☒ ☒ ☒ ☒ ☒ ☐ ☐ ☐ ☐
4. —	☐ ☐ ☐ ☐ ☐ ☐ ☐ ☐ ☐ ☐
5. —	☐ ☐ ☐ ☐ ☐ ☐ ☐ ☐ ☐ ☐
6. —	☐ ☐ ☐ ☐ ☐ ☐ ☐ ☐ ☐ ☐
7. —	☐ ☐ ☐ ☐ ☐ ☐ ☐ ☐ ☐ ☐
8. —	☐ ☐ ☐ ☐ ☐ ☐ ☐ ☐ ☐ ☐
9. —	☐ ☐ ☐ ☐ ☐ ☐ ☐ ☐ ☐ ☐
10. —	☐ ☐ ☐ ☐ ☐ ☐ ☐ ☐ ☐ ☐
11. —	☐ ☐ ☐ ☐ ☐ ☐ ☐ ☐ ☐ ☐
Übereinstimmungen insgesamt	20

SENSIS Harmoniekarte SENSIS

Name Roswitha | Datum

Spielteilnehmer	Harmoniepunkte
1. Max	☒ ☒ ☒ ☒ ☒ ☒ ☒ ☒ ☐ ☐
2. Peter	☒ ☒ ☐ ☐ ☐ ☐ ☐ ☐ ☐ ☐
3. Uschi	☒ ☒ ☒ ☒ ☒ ☐ ☐ ☐ ☐ ☐
4. —	☐ ☐ ☐ ☐ ☐ ☐ ☐ ☐ ☐ ☐
5. —	☐ ☐ ☐ ☐ ☐ ☐ ☐ ☐ ☐ ☐
6. —	☐ ☐ ☐ ☐ ☐ ☐ ☐ ☐ ☐ ☐
7. —	☐ ☐ ☐ ☐ ☐ ☐ ☐ ☐ ☐ ☐
8. —	☐ ☐ ☐ ☐ ☐ ☐ ☐ ☐ ☐ ☐
9. —	☐ ☐ ☐ ☐ ☐ ☐ ☐ ☐ ☐ ☐
10. —	☐ ☐ ☐ ☐ ☐ ☐ ☐ ☐ ☐ ☐
11. —	☐ ☐ ☐ ☐ ☐ ☐ ☐ ☐ ☐ ☐
Übereinstimmungen insgesamt	15

SENSIS Harmoniekarte SENSIS

Name Peter | Datum

Spielteilnehmer	Harmoniepunkte									
1. Roswitha	☒	☒	☒	☐	☐	☐	☐	☐	☐	☐
2. Max	☒	☒	☒	☒	☒	☒	☒	☒	☒	☐
3. Uschi	☒	☒	☒	☒	☒	☐	☐	☐	☐	☐
4. —	☐	☐	☐	☐	☐	☐	☐	☐	☐	☐
5. —	☐	☐	☐	☐	☐	☐	☐	☐	☐	☐
6. —	☐	☐	☐	☐	☐	☐	☐	☐	☐	☐
7. —	☐	☐	☐	☐	☐	☐	☐	☐	☐	☐
8. —	☐	☐	☐	☐	☐	☐	☐	☐	☐	☐
9. —	☐	☐	☐	☐	☐	☐	☐	☐	☐	☐
10. —	☐	☐	☐	☐	☐	☐	☐	☐	☐	☐
11. —	☐	☐	☐	☐	☐	☐	☐	☐	☐	☐

Übereinstimmungen insgesamt 17

SENSIS Harmoniekarte SENSIS

Name Uschi | Datum

Spielteilnehmer	Harmoniepunkte									
1. Max	☒	☐	☐	☐	☐	☐	☐	☐	☐	☐
2. Roswitha	☒	☒	☒	☐	☐	☐	☐	☐	☐	☐
3. Peter	☒	☒	☒	☒	☒	☒	☒	☐	☐	☐
4. —	☐	☐	☐	☐	☐	☐	☐	☐	☐	☐
5. —	☐	☐	☐	☐	☐	☐	☐	☐	☐	☐
6. —	☐	☐	☐	☐	☐	☐	☐	☐	☐	☐
7. —	☐	☐	☐	☐	☐	☐	☐	☐	☐	☐
8. —	☐	☐	☐	☐	☐	☐	☐	☐	☐	☐
9. —	☐	☐	☐	☐	☐	☐	☐	☐	☐	☐
10. —	☐	☐	☐	☐	☐	☐	☐	☐	☐	☐
11. —	☐	☐	☐	☐	☐	☐	☐	☐	☐	☐

Übereinstimmungen insgesamt 11

Jeder Spielteilnehmer wird als Kreis gezeichnet. In die Mitte wird sein Name geschrieben. Mit Pfeilen kann dann die Übereinstimmung eingezeichnet werden. Ein dicker Pfeil bedeutet die meisten Harmoniepunkte, ein dünner Pfeil bedeutet die geringste Übereinstimmung. (Hat ein Spieler mit mehreren Teilnehmern die meisten

Harmoniepunkte, zeichnet man mehrere dicke Pfeile.) Das Soziogramm sieht dann so aus:

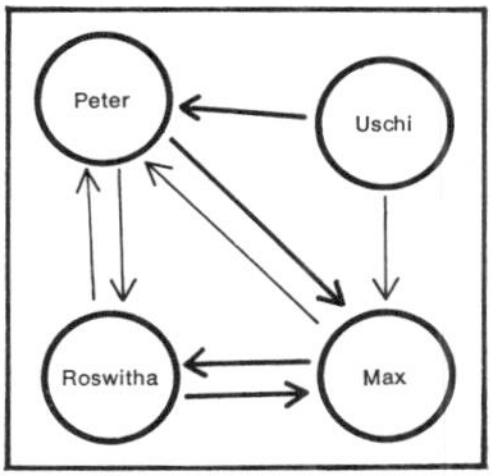

Dieses Soziogramm zeigt, wie die 4 Spielpartner miteinander harmonieren. Roswitha und Peter stimmen gegenseitig am wenigsten überein. Max und Roswitha am meisten. Peter kann Max gut einschätzen, Max dagegen Peter am wenigsten. Eine unauffällige Position hat in diesem Soziogramm Uschi. Mit ihr harmoniert keiner der Mitspieler am besten oder am schlechtesten, während sie sich in Peter gut und in Max schlecht einfühlen kann.
Ein Soziogramm kann natürlich zu vielen Spekulationen verführen. Bedenken Sie jedoch bitte, daß SENSIS kein psychologischer Test ist, sondern vor allem zur Unterhaltung dient und Diskussionen über die gegenseitigen Beziehungen anregen soll. Weitreichende Schlüsse auf Sympathie oder Antipathie zu ziehen, ist also nicht angebracht.

Erfinden Sie selbst neue Fragekarten

Wenn Sie das Spiel mehrmals gespielt haben und dann genau wissen, wie der Spielablauf funktioniert, können Sie SENSIS in einer neuen Variante spielen: Erfinden Sie selbst neue Fragen, die Sie auf eigene Fragekarten schreiben. So können Sie SENSIS mit Fragen spielen, die Ihnen persönlich besonders interessant erscheinen.
Wenn Sie wollen, können Sie SENSIS auch ganz ohne Fragekarten spielen, dann muß sich jeder Teilnehmer selbst eine Frage ausdenken, die er seinem Spielpartner stellt. Diese Version ist nur bei einer Gruppe geeignet, die mit der Art des Spiels schon vertraut ist.

Zur Inspiration noch einige Fragen

Haben Sie einen großen Teil Ihrer Lebensideale schon verwirklicht?

Finden Sie von den hier anwesenden Mitspielern jemand erotisch anziehend?

Zeigen Sie Freunden stets Ihre wahren Gefühle?

Gibt es ein schlummerndes Talent, das Sie noch gerne weiter entwickeln würden?

Hatten Sie schon einmal das Gefühl, aus Ihrem derzeitigen Leben ausbrechen zu wollen?

Hatten Sie schon einmal ein außersinnliches Erlebnis?

Geben Sie eigene Fehler Ihren Freunden gegenüber offen zu?

Haben Sie nachts mitunter sexuelle Träume?

Können Sie das Alleinsein mit sich selbst voll und ganz genießen?

Würden Sie ein reizvolles Aktfoto von sich im »Playboy« veröffentlichen lassen?

Haben Sie schon einmal ein Liebesgedicht geschrieben?

Würden Sie gerne eine halbe Stunde den Bundeskanzler vor der Fernsehkamera interviewen?

Könnten Sie zusehen, wenn im Schlachthof ein Kalb geschlachtet wird?

Könnten Sie morgen Ihren ganzen Besitz verkaufen, in eine neue Stadt ziehen und ein ganz neues Leben beginnen?

Halten Sie sich für intelligent?

Möchten Sie mit einem Freund einmal ein ganz offenes und ehrliches Gespräch über sich selbst und das Leben führen?

Glauben Sie, daß Sie früher schon einmal gelebt haben?

Kurzfassung der Spielregel

SENSIS eignet sich für 3–12 und mehr Mitspieler.
Das Spielmaterial besteht aus 60 Fragekarten, 24 Antwortkarten, 42 Gewinnerkarten, 40 Harmoniekarten und einer ausführlichen Spielanweisung.
Der Spielleiter gibt jedem Mitspieler gleich viele Fragekarten, eine Ja-, eine Nein- und eine Harmoniekarte. Die Gewinnerkarte behält er selbst.
Der Spielleiter eröffnet das Spiel. Er stellt die 1. Frage (Fragekarte) an die Person rechts neben ihm. Sie muß die Frage mit der Ja- oder Nein-Karte beantworten. Alle Mitspieler werden aufgefordert, zu erraten, welche Antwort der Gefragte gibt. Wenn sich alle entschieden haben, zeigt jeder die entsprechende Antwortkarte (ja oder nein) auf – auch der Gefragte. Jetzt sieht jeder, ob er die Antwort des Gefragten richtig erraten hat.
Wer übereinstimmt, macht in der Harmoniekarte, auf die die Namen aller Mitspieler geschrieben wurden, ein Kreuz. Wer nicht übereinstimmt, darf kein Kreuz machen.
Die nächste Frage stellt die Person, die gerade geantwortet hat, an den Spieler, der rechts neben ihr sitzt. Jede gestellte Frage wird auf dem Tisch abgelegt. Wenn alle Fragekarten abgelegt sind, ist das Spiel beendet.
Der Spielleiter schreibt nun alle Spielernamen auf die Gewinnerkarte. Jeder Spieler nennt ihm die Summe seiner Kreuze (Harmoniepunkte). Wer die meisten Kreuze hat, kann sich in die Mitspieler am besten einfühlen. Er ist der Gewinner des Spiels.
Es sind noch weitere Auswertungen möglich: Der Spielleiter kann zum Beispiel ermitteln, welcher Mitspieler am leichtesten von der Spielgruppe verstanden wird und wer am »rätselhaftesten« ist. Wer noch tiefer in die Struktur der Spielergruppe eindringen will, kann ein »Soziogramm« zeichnen, das die Beziehungen der einzelnen Mitspieler zueinander aufdeckt (siehe Seite 17).

SENSIS im Fernsehen

Eine Anmerkung des ECON Taschenbuch Verlags

In der Unterhaltungsserie »Mensch Meier« hat Alfred Biolek 1985 das Spiel SENSIS eingebaut. Ursprünglich war nach einem Briefwechsel geplant, die Originalfragekarten von SENSIS zu verwenden, aber dann wurden vom WDR eigene Fragen ausgedacht. Dagegen ist nichts einzuwenden, doch wir finden es unbefriedigend, daß weder auf den Namen des Spiels noch auf den Autor hingewiesen wurde, auch nicht im Abspanntext, zumal der Autor vor der Sendung sein Einverständnis davon abhängig machte, daß der Name des Spiels genannt wird. Die Fernsehredakteure setzten sich einfach darüber hinweg, vielleicht, um den Eindruck zu erwecken, die Idee sei von ihnen selbst.
Aufgrund der deutschen Urheberrechtslage ist eine »Spielidee« nicht geschützt, sie kann also von anderen honorarfrei verwertet werden, ohne auf den Erfinder und sein Spiel hinweisen zu müssen – wenn man nicht so fair ist, dies freiwillig zu tun. Aber der Autor hat andererseits das Recht, darauf hinzuweisen, daß es seine Spielidee ist, die hier vermarktet wird. Das betonen wir auch deshalb so deutlich, damit nicht etwa die Vorstellung entsteht, Herr Lauster hätte SENSIS von Bios »Mensch Meier« übernommen.

Haben Sie Bekannte, mit denen Sie Pferde stehlen könnten?

Würden Sie eine berufliche Tätigkeit, die Ihnen Spaß macht, aber wenig Geld einbringt, für einen uninteressanten Job eintauschen, der doppelt soviel Geld bringt?

Würden Sie Ihren Chef auf eine Ungerechtigkeit, die er Ihnen gegenüber begangen hat, aufmerksam machen?

Halten Sie an, wenn Sie sehen, daß ein anderer Autofahrer eine Reifenpanne hat?

Würden Sie für 4000,– DM, jetzt bar ausbezahlt, Ihren Körper nach Ihrem Tod der Universität für wissenschaftliche Untersuchungen zur Verfügung stellen?

Haben Sie einmal einer Person den Tod gewünscht?

Würden Sie als Geschäftsinhaber auch einen vorbestraften Dieb einstellen?

Würden Sie, um eine Wette von 1000,– DM zu gewinnen, in einer konservativen Gesellschaft Ihre Perücke abnehmen?

Weinen Sie bei einem rührseligen Film?

Wünschen Sie sich manchmal, daß Sie Ihr Leben noch einmal ganz von vorn anfangen könnten?

Ziehen Sie bestimmte Kleidungsstücke nur sonntags an?

Halten Sie sich für einen Pessimisten?

Sind Sie mit Ihrem derzeitigen Beruf zufrieden, weil Sie Ihre Fähigkeiten voll entfalten können?

Wenn Sie so berühmt wären, daß jeder Sie sofort auf der Straße erkennt, wäre Ihnen das unangenehm?

Stört es Sie, wenn im Zug jemand mit Ihnen ein Gespräch anfangen will?

Würden Sie als Kassierer bei einem bewaffneten Banküberfall eher den Tresor öffnen, als den Alarmknopf drücken?

Wären Sie heute gerne noch einmal ein Kind?

Haben Sie schon einmal mit dem Gedanken gespielt, ein Restaurant zu verlassen, ohne zu bezahlen?

Glauben Sie, daß man als Erzieher Kindern manchmal eine Tracht Prügel geben muß, um sie zum richtigen Verhalten zu bringen?

Mögen Sie Menschen nicht, die Sie kritisieren?

Wenn Geschlechtsumwandlungen möglich wären, würden Sie sich dann in das andere Geschlecht umwandeln lassen?

Wenn Ihnen ein Verkäufer aus Versehen 50,– DM zuviel herausgibt, würden Sie dann das Geld behalten?

Machen Sie sich über Ihre Zukunft nur selten Gedanken?

Wenn es nach dem Tod eine Wiedergeburt gäbe, wären Sie dann lieber ein Neger als ein Chinese?

Würden Sie eine Weltreise machen, wenn Sie morgen 30 000,– DM gewinnen würden?

Würden Sie nachts allein einen unbekannten Wald 3 Kilometer bis zum nächsten Dorf durchqueren?

Glauben Sie, daß die ungünstigen Aspekte der Ehe überwiegen und es deshalb besser wäre, wenn andere Formen des Zusammenlebens praktiziert würden?

Würden Sie bei einer großen Hungersnot Ihren Hund essen, um Ihr Leben zu retten?

Können Sie über eigene sexuelle Probleme mit anderen offen sprechen?

Machen Sie sich über die sozialen Probleme in der Welt wenig Gedanken, weil Sie als einzelner doch nichts ausrichten können?

Finden Sie zu fremden Menschen schnell Kontakt?

Würden Sie verlegen, wenn man Sie in einem Kaufhaus irrtümlich als Dieb entlarven will?

Wären Sie in Kriegszeiten bereit, für einen Brotlaib Ihren Ehering einzutauschen?

Glauben Sie, daß Ihnen das interessanteste Ereignis Ihres Lebens noch bevorsteht?

Haben Sie Bettlern auf der Straße schon häufiger Geld gegeben?

Wenn Sie erfahren würden, daß Sie in einem halben Jahr sterben müssen, würden Sie dann so weiterleben wie bisher?

Sind Sie für Schwangerschaftsunterbrechung bis zum 3. Monat?

Hätten Sie gerne einen größeren Bekanntenkreis?

Halten Sie sich für überdurchschnittlich intelligent?

Würden Sie jemandem die Wahrheit sagen, auch wenn Sie wissen, daß sie für ihn verletzend ist?

Glauben Sie, daß Frauen im Durchschnitt etwas dümmer sind als Männer?

Interessiert es Sie, was andere über Sie denken?

Würden Sie gerne ein Jahr lang allein auf einer Insel in der Südsee leben?

Würden Sie als Rentner in ein Altersheim gehen, auch wenn Sie im Haus Ihrer Kinder wohnen könnten?

Wären Sie gerne etwas weniger ehrgeizig?

Halten Sie sich für selbstbewußt?

Würde es Ihnen besser gefallen, wenn es keine Autos gäbe und man mit Pferd und Kutsche fahren würde?

Wenn Sie sehen würden, wie zwei Jungen einen anderen Jungen verprügeln, versuchen Sie dann einzugreifen?

Ist in Ihrem Bekanntenkreis
eine Person, die Sie beneiden?

Hätten Sie gerne einen
anderen Vornamen?

Halten Sie sich für leicht durchschaubar?

Beschäftigen Sie sich öfters mit den Erlebnissen in Ihrer Jugend?

Wenn Sie in einem Gebüsch eine Leiche entdecken, würden Sie sich die Leiche dann zunächst einmal genau ansehen?

Halten Sie es für richtig, daß der Mann bei der Geburt seines Kindes mit dabei ist?

Versuchen Sie, den persönlichen Umgang mit schwierigen Menschen zu meiden?

In einem reißenden Fluß kämpft ein Mensch um sein Leben. Würden Sie hineinspringen, um ihn zu retten?

Wirkt es auf Sie peinlich, wenn Sie von jemandem gelobt werden?

Wären Sie, wenn es keine Uhren gäbe, ruhiger und ausgeglichener?

Wenn Sie finanziell unabhängig wären, würden Sie dann trotzdem einen Beruf ausüben?

Beschweren Sie sich beim Kellner, wenn Sie in einem Restaurant mit dem Essen nicht zufrieden sind?

ja

SENSIS

ja

SENSIS

ja

SENSIS

ja

SENSIS

ja

SENSIS

ja

SENSIS

ja

SENSIS

ja

SENSIS

ja

SENSIS

ja

SENSIS

ja

SENSIS

ja

SENSIS

nein

SENSIS

nein

SENSIS

nein

SENSIS

nein

SENSIS

nein

SENSIS

nein

SENSIS

nein

SENSIS

nein

SENSIS

nein

SENSIS

nein

SENSIS

nein

SENSIS

nein

SENSIS

SENSIS Gewinnerkarte SENSIS

für den Spielleiter

Spielteilnehmer	Anzahl der Übereinstimmungen mit allen Spielteilnehmern
1.	
2.	
3.	
4.	
5.	
6.	
7.	
8.	
9.	
10.	
11.	
12.	

SENSIS Gewinnerkarte SENSIS

für den Spielleiter

Spielteilnehmer	Anzahl der Übereinstimmungen mit allen Spielteilnehmern
1.	
2.	
3.	
4.	
5.	
6.	
7.	
8.	
9.	
10.	
11.	
12.	

SENSIS Gewinnerkarte SENSIS

für den Spielleiter

Spielteilnehmer	Anzahl der Übereinstimmungen mit allen Spielteilnehmern
1.	
2.	
3.	
4.	
5.	
6.	
7.	
8.	
9.	
10.	
11.	
12.	

SENSIS Gewinnerkarte SENSIS

für den Spielleiter

Spielteilnehmer	Anzahl der Übereinstimmungen mit allen Spielteilnehmern
1.	
2.	
3.	
4.	
5.	
6.	
7.	
8.	
9.	
10.	
11.	
12.	

SENSIS Gewinnerkarte SENSIS

für den Spielleiter

Spielteilnehmer	Anzahl der Übereinstimmungen mit allen Spielteilnehmern
1.	
2.	
3.	
4.	
5.	
6.	
7.	
8.	
9.	
10.	
11.	
12.	

SENSIS Gewinnerkarte SENSIS

für den Spielleiter

Spielteilnehmer	Anzahl der Übereinstimmungen mit allen Spielteilnehmern
1.	
2.	
3.	
4.	
5.	
6.	
7.	
8.	
9.	
10.	
11.	
12.	

SENSIS Gewinnerkarte SENSIS

für den Spielleiter

Spielteilnehmer	Anzahl der Übereinstimmungen mit allen Spielteilnehmern
1.	
2.	
3.	
4.	
5.	
6.	
7.	
8.	
9.	
10.	
11.	
12.	

SENSIS Gewinnerkarte SENSIS

für den Spielleiter

Spielteilnehmer	Anzahl der Übereinstimmungen mit allen Spielteilnehmern
1.	
2.	
3.	
4.	
5.	
6.	
7.	
8.	
9.	
10.	
11.	
12.	

SENSIS Gewinnerkarte SENSIS

für den Spielleiter

Spielteilnehmer	Anzahl der Übereinstimmungen mit allen Spielteilnehmern
1.	
2.	
3.	
4.	
5.	
6.	
7.	
8.	
9.	
10.	
11.	
12.	

SENSIS Gewinnerkarte SENSIS

für den Spielleiter

Spielteilnehmer	Anzahl der Übereinstimmungen mit allen Spielteilnehmern
1.	
2.	
3.	
4.	
5.	
6.	
7.	
8.	
9.	
10.	
11.	
12.	

SENSIS Gewinnerkarte SENSIS

für den Spielleiter

Spielteilnehmer	Anzahl der Übereinstimmungen mit allen Spielteilnehmern
1.	
2.	
3.	
4.	
5.	
6.	
7.	
8.	
9.	
10.	
11.	
12.	

SENSIS Gewinnerkarte SENSIS

für den Spielleiter

Spielteilnehmer	Anzahl der Übereinstimmungen mit allen Spielteilnehmern
1.	
2.	
3.	
4.	
5.	
6.	
7.	
8.	
9.	
10.	
11.	
12.	

SENSIS Gewinnerkarte SENSIS

für den Spielleiter

Spielteilnehmer	Anzahl der Übereinstimmungen mit allen Spielteilnehmern
1.	
2.	
3.	
4.	
5.	
6.	
7.	
8.	
9.	
10.	
11.	
12.	

SENSIS Gewinnerkarte SENSIS

für den Spielleiter

Spielteilnehmer	Anzahl der Übereinstimmungen mit allen Spielteilnehmern
1.	
2.	
3.	
4.	
5.	
6.	
7.	
8.	
9.	
10.	
11.	
12.	

SENSIS Gewinnerkarte SENSIS

für den Spielleiter

Spielteilnehmer	Anzahl der Übereinstimmungen mit allen Spielteilnehmern
1.	
2.	
3.	
4.	
5.	
6.	
7.	
8.	
9.	
10.	
11.	
12.	

SENSIS Gewinnerkarte SENSIS

für den Spielleiter

Spielteilnehmer	Anzahl der Übereinstimmungen mit allen Spielteilnehmern
1.	
2.	
3.	
4.	
5.	
6.	
7.	
8.	
9.	
10.	
11.	
12.	

SENSIS Gewinnerkarte SENSIS

für den Spielleiter

Spielteilnehmer	Anzahl der Übereinstimmungen mit allen Spielteilnehmern
1.	
2.	
3.	
4.	
5.	
6.	
7.	
8.	
9.	
10.	
11.	
12.	

SENSIS Gewinnerkarte SENSIS

für den Spielleiter

Spielteilnehmer	Anzahl der Übereinstimmungen mit allen Spielteilnehmern
1.	
2.	
3.	
4.	
5.	
6.	
7.	
8.	
9.	
10.	
11.	
12.	

SENSIS Gewinnerkarte SENSIS

für den Spielleiter

Spielteilnehmer	Anzahl der Übereinstimmungen mit allen Spielteilnehmern
1.	
2.	
3.	
4.	
5.	
6.	
7.	
8.	
9.	
10.	
11.	
12.	

SENSIS Gewinnerkarte SENSIS

für den Spielleiter

Spielteilnehmer	Anzahl der Übereinstimmungen mit allen Spielteilnehmern
1.	
2.	
3.	
4.	
5.	
6.	
7.	
8.	
9.	
10.	
11.	
12.	

SENSIS Gewinnerkarte SENSIS

für den Spielleiter

Spielteilnehmer	Anzahl der Übereinstimmungen mit allen Spielteilnehmern
1.	
2.	
3.	
4.	
5.	
6.	
7.	
8.	
9.	
10.	
11.	
12.	

SENSIS Gewinnerkarte SENSIS

für den Spielleiter

Spielteilnehmer	Anzahl der Übereinstimmungen mit allen Spielteilnehmern
1.	
2.	
3.	
4.	
5.	
6.	
7.	
8.	
9.	
10.	
11.	
12.	

SENSIS Gewinnerkarte SENSIS

für den Spielleiter

Spielteilnehmer	Anzahl der Übereinstimmungen mit allen Spielteilnehmern
1.	
2.	
3.	
4.	
5.	
6.	
7.	
8.	
9.	
10.	
11.	
12.	

SENSIS Gewinnerkarte SENSIS

für den Spielleiter

Spielteilnehmer	Anzahl der Übereinstimmungen mit allen Spielteilnehmern
1.	
2.	
3.	
4.	
5.	
6.	
7.	
8.	
9.	
10.	
11.	
12.	

SENSIS Gewinnerkarte SENSIS

für den Spielleiter

Spielteilnehmer	Anzahl der Übereinstimmungen mit allen Spielteilnehmern
1.	
2.	
3.	
4.	
5.	
6.	
7.	
8.	
9.	
10.	
11.	
12.	

SENSIS Gewinnerkarte SENSIS

für den Spielleiter

Spielteilnehmer	Anzahl der Übereinstimmungen mit allen Spielteilnehmern
1.	
2.	
3.	
4.	
5.	
6.	
7.	
8.	
9.	
10.	
11.	
12.	

SENSIS **Gewinnerkarte** SENSIS

für den Spielleiter

Spielteilnehmer	Anzahl der Übereinstimmungen mit allen Spielteilnehmern
1.	
2.	
3.	
4.	
5.	
6.	
7.	
8.	
9.	
10.	
11.	
12.	

SENSIS Gewinnerkarte SENSIS

für den Spielleiter

Spielteilnehmer	Anzahl der Übereinstimmungen mit allen Spielteilnehmern
1.	
2.	
3.	
4.	
5.	
6.	
7.	
8.	
9.	
10.	
11.	
12.	

SENSIS Gewinnerkarte SENSIS

für den Spielleiter

Spielteilnehmer	Anzahl der Übereinstimmungen mit allen Spielteilnehmern
1.	
2.	
3.	
4.	
5.	
6.	
7.	
8.	
9.	
10.	
11.	
12.	

SENSIS Gewinnerkarte SENSIS

für den Spielleiter

Spielteilnehmer	Anzahl der Übereinstimmungen mit allen Spielteilnehmern
1.	
2.	
3.	
4.	
5.	
6.	
7.	
8.	
9.	
10.	
11.	
12.	

SENSIS Gewinnerkarte SENSIS

für den Spielleiter

Spielteilnehmer	Anzahl der Übereinstimmungen mit allen Spielteilnehmern
1.	
2.	
3.	
4.	
5.	
6.	
7.	
8.	
9.	
10.	
11.	
12.	

SENSIS Gewinnerkarte SENSIS

für den Spielleiter

Spielteilnehmer	Anzahl der Übereinstimmungen mit allen Spielteilnehmern
1.	
2.	
3.	
4.	
5.	
6.	
7.	
8.	
9.	
10.	
11.	
12.	

SENSIS Gewinnerkarte SENSIS

für den Spielleiter

Spielteilnehmer	Anzahl der Übereinstimmungen mit allen Spielteilnehmern
1.	
2.	
3.	
4.	
5.	
6.	
7.	
8.	
9.	
10.	
11.	
12.	

SENSIS Gewinnerkarte SENSIS

für den Spielleiter

Spielteilnehmer	Anzahl der Übereinstimmungen mit allen Spielteilnehmern
1.	
2.	
3.	
4.	
5.	
6.	
7.	
8.	
9.	
10.	
11.	
12.	

SENSIS Gewinnerkarte SENSIS

für den Spielleiter

Spielteilnehmer	Anzahl der Übereinstimmungen mit allen Spielteilnehmern
1.	
2.	
3.	
4.	
5.	
6.	
7.	
8.	
9.	
10.	
11.	
12.	

SENSIS Gewinnerkarte SENSIS

für den Spielleiter

Spielteilnehmer	Anzahl der Übereinstimmungen mit allen Spielteilnehmern
1.	
2.	
3.	
4.	
5.	
6.	
7.	
8.	
9.	
10.	
11.	
12.	

SENSIS Gewinnerkarte SENSIS

für den Spielleiter

Spielteilnehmer	Anzahl der Übereinstimmungen mit allen Spielteilnehmern
1.	
2.	
3.	
4.	
5.	
6.	
7.	
8.	
9.	
10.	
11.	
12.	

SENSIS Gewinnerkarte SENSIS

für den Spielleiter

Spielteilnehmer	Anzahl der Übereinstimmungen mit allen Spielteilnehmern
1.	
2.	
3.	
4.	
5.	
6.	
7.	
8.	
9.	
10.	
11.	
12.	

SENSIS Gewinnerkarte SENSIS

für den Spielleiter

Spielteilnehmer	Anzahl der Übereinstimmungen mit allen Spielteilnehmern
1.	
2.	
3.	
4.	
5.	
6.	
7.	
8.	
9.	
10.	
11.	
12.	

SENSIS Gewinnerkarte SENSIS

für den Spielleiter

Spielteilnehmer	Anzahl der Übereinstimmungen mit allen Spielteilnehmern
1.	
2.	
3.	
4.	
5.	
6.	
7.	
8.	
9.	
10.	
11.	
12.	

SENSIS Gewinnerkarte SENSIS

für den Spielleiter

Spielteilnehmer	Anzahl der Übereinstimmungen mit allen Spielteilnehmern
1.	
2.	
3.	
4.	
5.	
6.	
7.	
8.	
9.	
10.	
11.	
12.	

SENSIS Gewinnerkarte SENSIS

für den Spielleiter

Spielteilnehmer	Anzahl der Übereinstimmungen mit allen Spielteilnehmern
1.	
2.	
3.	
4.	
5.	
6.	
7.	
8.	
9.	
10.	
11.	
12.	

SENSIS Harmoniekarte SENSIS

Name	Datum
Spielteilnehmer	Harmoniepunkte
1.	☐ ☐ ☐ ☐ ☐ ☐ ☐ ☐ ☐ ☐
2.	☐ ☐ ☐ ☐ ☐ ☐ ☐ ☐ ☐ ☐
3.	☐ ☐ ☐ ☐ ☐ ☐ ☐ ☐ ☐ ☐
4.	☐ ☐ ☐ ☐ ☐ ☐ ☐ ☐ ☐ ☐
5.	☐ ☐ ☐ ☐ ☐ ☐ ☐ ☐ ☐ ☐
6.	☐ ☐ ☐ ☐ ☐ ☐ ☐ ☐ ☐ ☐
7.	☐ ☐ ☐ ☐ ☐ ☐ ☐ ☐ ☐ ☐
8.	☐ ☐ ☐ ☐ ☐ ☐ ☐ ☐ ☐ ☐
9.	☐ ☐ ☐ ☐ ☐ ☐ ☐ ☐ ☐ ☐
10.	☐ ☐ ☐ ☐ ☐ ☐ ☐ ☐ ☐ ☐
11.	☐ ☐ ☐ ☐ ☐ ☐ ☐ ☐ ☐ ☐
Übereinstimmungen insgesamt	

SENSIS Harmoniekarte SENSIS

Name	Datum
Spielteilnehmer	**Harmoniepunkte**
1.	☐ ☐ ☐ ☐ ☐ ☐ ☐ ☐ ☐ ☐
2.	☐ ☐ ☐ ☐ ☐ ☐ ☐ ☐ ☐ ☐
3.	☐ ☐ ☐ ☐ ☐ ☐ ☐ ☐ ☐ ☐
4.	☐ ☐ ☐ ☐ ☐ ☐ ☐ ☐ ☐ ☐
5.	☐ ☐ ☐ ☐ ☐ ☐ ☐ ☐ ☐ ☐
6.	☐ ☐ ☐ ☐ ☐ ☐ ☐ ☐ ☐ ☐
7.	☐ ☐ ☐ ☐ ☐ ☐ ☐ ☐ ☐ ☐
8.	☐ ☐ ☐ ☐ ☐ ☐ ☐ ☐ ☐ ☐
9.	☐ ☐ ☐ ☐ ☐ ☐ ☐ ☐ ☐ ☐
10.	☐ ☐ ☐ ☐ ☐ ☐ ☐ ☐ ☐ ☐
11.	☐ ☐ ☐ ☐ ☐ ☐ ☐ ☐ ☐ ☐
Übereinstimmungen insgesamt	

SENSIS Harmoniekarte SENSIS

Name ______________________ Datum ______________________

Spielteilnehmer	Harmoniepunkte									
1.	☐	☐	☐	☐	☐	☐	☐	☐	☐	☐
2.	☐	☐	☐	☐	☐	☐	☐	☐	☐	☐
3.	☐	☐	☐	☐	☐	☐	☐	☐	☐	☐
4.	☐	☐	☐	☐	☐	☐	☐	☐	☐	☐
5.	☐	☐	☐	☐	☐	☐	☐	☐	☐	☐
6.	☐	☐	☐	☐	☐	☐	☐	☐	☐	☐
7.	☐	☐	☐	☐	☐	☐	☐	☐	☐	☐
8.	☐	☐	☐	☐	☐	☐	☐	☐	☐	☐
9.	☐	☐	☐	☐	☐	☐	☐	☐	☐	☐
10.	☐	☐	☐	☐	☐	☐	☐	☐	☐	☐
11.	☐	☐	☐	☐	☐	☐	☐	☐	☐	☐

Übereinstimmungen insgesamt ______________________

SENSIS Harmoniekarte SENSIS

Name	Datum
Spielteilnehmer	Harmoniepunkte
1.	☐ ☐ ☐ ☐ ☐ ☐ ☐ ☐ ☐ ☐
2.	☐ ☐ ☐ ☐ ☐ ☐ ☐ ☐ ☐ ☐
3.	☐ ☐ ☐ ☐ ☐ ☐ ☐ ☐ ☐ ☐
4.	☐ ☐ ☐ ☐ ☐ ☐ ☐ ☐ ☐ ☐
5.	☐ ☐ ☐ ☐ ☐ ☐ ☐ ☐ ☐ ☐
6.	☐ ☐ ☐ ☐ ☐ ☐ ☐ ☐ ☐ ☐
7.	☐ ☐ ☐ ☐ ☐ ☐ ☐ ☐ ☐ ☐
8.	☐ ☐ ☐ ☐ ☐ ☐ ☐ ☐ ☐ ☐
9.	☐ ☐ ☐ ☐ ☐ ☐ ☐ ☐ ☐ ☐
10.	☐ ☐ ☐ ☐ ☐ ☐ ☐ ☐ ☐ ☐
11.	☐ ☐ ☐ ☐ ☐ ☐ ☐ ☐ ☐ ☐
Übereinstimmungen insgesamt	

SENSIS Harmoniekarte SENSIS

Name ________________ Datum ________________

Spielteilnehmer	Harmoniepunkte
1.	☐ ☐ ☐ ☐ ☐ ☐ ☐ ☐ ☐ ☐
2.	☐ ☐ ☐ ☐ ☐ ☐ ☐ ☐ ☐ ☐
3.	☐ ☐ ☐ ☐ ☐ ☐ ☐ ☐ ☐ ☐
4.	☐ ☐ ☐ ☐ ☐ ☐ ☐ ☐ ☐ ☐
5.	☐ ☐ ☐ ☐ ☐ ☐ ☐ ☐ ☐ ☐
6.	☐ ☐ ☐ ☐ ☐ ☐ ☐ ☐ ☐ ☐
7.	☐ ☐ ☐ ☐ ☐ ☐ ☐ ☐ ☐ ☐
8.	☐ ☐ ☐ ☐ ☐ ☐ ☐ ☐ ☐ ☐
9.	☐ ☐ ☐ ☐ ☐ ☐ ☐ ☐ ☐ ☐
10.	☐ ☐ ☐ ☐ ☐ ☐ ☐ ☐ ☐ ☐
11.	☐ ☐ ☐ ☐ ☐ ☐ ☐ ☐ ☐ ☐
Übereinstimmungen insgesamt	

SENSIS Harmoniekarte SENSIS

Name	Datum
Spielteilnehmer	Harmoniepunkte
1.	☐ ☐ ☐ ☐ ☐ ☐ ☐ ☐ ☐ ☐
2.	☐ ☐ ☐ ☐ ☐ ☐ ☐ ☐ ☐ ☐
3.	☐ ☐ ☐ ☐ ☐ ☐ ☐ ☐ ☐ ☐
4.	☐ ☐ ☐ ☐ ☐ ☐ ☐ ☐ ☐ ☐
5.	☐ ☐ ☐ ☐ ☐ ☐ ☐ ☐ ☐ ☐
6.	☐ ☐ ☐ ☐ ☐ ☐ ☐ ☐ ☐ ☐
7.	☐ ☐ ☐ ☐ ☐ ☐ ☐ ☐ ☐ ☐
8.	☐ ☐ ☐ ☐ ☐ ☐ ☐ ☐ ☐ ☐
9.	☐ ☐ ☐ ☐ ☐ ☐ ☐ ☐ ☐ ☐
10.	☐ ☐ ☐ ☐ ☐ ☐ ☐ ☐ ☐ ☐
11.	☐ ☐ ☐ ☐ ☐ ☐ ☐ ☐ ☐ ☐
Übereinstimmungen insgesamt	

SENSIS Harmoniekarte SENSIS

Name	Datum
Spielteilnehmer	Harmoniepunkte
1.	☐ ☐ ☐ ☐ ☐ ☐ ☐ ☐ ☐ ☐
2.	☐ ☐ ☐ ☐ ☐ ☐ ☐ ☐ ☐ ☐
3.	☐ ☐ ☐ ☐ ☐ ☐ ☐ ☐ ☐ ☐
4.	☐ ☐ ☐ ☐ ☐ ☐ ☐ ☐ ☐ ☐
5.	☐ ☐ ☐ ☐ ☐ ☐ ☐ ☐ ☐ ☐
6.	☐ ☐ ☐ ☐ ☐ ☐ ☐ ☐ ☐ ☐
7.	☐ ☐ ☐ ☐ ☐ ☐ ☐ ☐ ☐ ☐
8.	☐ ☐ ☐ ☐ ☐ ☐ ☐ ☐ ☐ ☐
9.	☐ ☐ ☐ ☐ ☐ ☐ ☐ ☐ ☐ ☐
10.	☐ ☐ ☐ ☐ ☐ ☐ ☐ ☐ ☐ ☐
11.	☐ ☐ ☐ ☐ ☐ ☐ ☐ ☐ ☐ ☐
Übereinstimmungen insgesamt	

SENSIS Harmoniekarte SENSIS

Name	Datum
Spielteilnehmer	Harmoniepunkte
1.	☐ ☐ ☐ ☐ ☐ ☐ ☐ ☐ ☐ ☐
2.	☐ ☐ ☐ ☐ ☐ ☐ ☐ ☐ ☐ ☐
3.	☐ ☐ ☐ ☐ ☐ ☐ ☐ ☐ ☐ ☐
4.	☐ ☐ ☐ ☐ ☐ ☐ ☐ ☐ ☐ ☐
5.	☐ ☐ ☐ ☐ ☐ ☐ ☐ ☐ ☐ ☐
6.	☐ ☐ ☐ ☐ ☐ ☐ ☐ ☐ ☐ ☐
7.	☐ ☐ ☐ ☐ ☐ ☐ ☐ ☐ ☐ ☐
8.	☐ ☐ ☐ ☐ ☐ ☐ ☐ ☐ ☐ ☐
9.	☐ ☐ ☐ ☐ ☐ ☐ ☐ ☐ ☐ ☐
10.	☐ ☐ ☐ ☐ ☐ ☐ ☐ ☐ ☐ ☐
11.	☐ ☐ ☐ ☐ ☐ ☐ ☐ ☐ ☐ ☐
Übereinstimmungen insgesamt	

SENSIS Harmoniekarte SENSIS

Name ______________________ Datum ______________________

Spielteilnehmer	Harmoniepunkte
1.	☐ ☐ ☐ ☐ ☐ ☐ ☐ ☐ ☐ ☐
2.	☐ ☐ ☐ ☐ ☐ ☐ ☐ ☐ ☐ ☐
3.	☐ ☐ ☐ ☐ ☐ ☐ ☐ ☐ ☐ ☐
4.	☐ ☐ ☐ ☐ ☐ ☐ ☐ ☐ ☐ ☐
5.	☐ ☐ ☐ ☐ ☐ ☐ ☐ ☐ ☐ ☐
6.	☐ ☐ ☐ ☐ ☐ ☐ ☐ ☐ ☐ ☐
7.	☐ ☐ ☐ ☐ ☐ ☐ ☐ ☐ ☐ ☐
8.	☐ ☐ ☐ ☐ ☐ ☐ ☐ ☐ ☐ ☐
9.	☐ ☐ ☐ ☐ ☐ ☐ ☐ ☐ ☐ ☐
10.	☐ ☐ ☐ ☐ ☐ ☐ ☐ ☐ ☐ ☐
11.	☐ ☐ ☐ ☐ ☐ ☐ ☐ ☐ ☐ ☐
Übereinstimmungen insgesamt	

SENSIS Harmoniekarte SENSIS

Name	Datum
Spielteilnehmer	Harmoniepunkte
1.	☐ ☐ ☐ ☐ ☐ ☐ ☐ ☐ ☐ ☐
2.	☐ ☐ ☐ ☐ ☐ ☐ ☐ ☐ ☐ ☐
3.	☐ ☐ ☐ ☐ ☐ ☐ ☐ ☐ ☐ ☐
4.	☐ ☐ ☐ ☐ ☐ ☐ ☐ ☐ ☐ ☐
5.	☐ ☐ ☐ ☐ ☐ ☐ ☐ ☐ ☐ ☐
6.	☐ ☐ ☐ ☐ ☐ ☐ ☐ ☐ ☐ ☐
7.	☐ ☐ ☐ ☐ ☐ ☐ ☐ ☐ ☐ ☐
8.	☐ ☐ ☐ ☐ ☐ ☐ ☐ ☐ ☐ ☐
9.	☐ ☐ ☐ ☐ ☐ ☐ ☐ ☐ ☐ ☐
10.	☐ ☐ ☐ ☐ ☐ ☐ ☐ ☐ ☐ ☐
11.	☐ ☐ ☐ ☐ ☐ ☐ ☐ ☐ ☐ ☐
Übereinstimmungen insgesamt	

SENSIS Harmoniekarte SENSIS

Name ____________________ Datum ____________________

Spielteilnehmer	Harmoniepunkte
1.	☐ ☐ ☐ ☐ ☐ ☐ ☐ ☐ ☐ ☐
2.	☐ ☐ ☐ ☐ ☐ ☐ ☐ ☐ ☐ ☐
3.	☐ ☐ ☐ ☐ ☐ ☐ ☐ ☐ ☐ ☐
4.	☐ ☐ ☐ ☐ ☐ ☐ ☐ ☐ ☐ ☐
5.	☐ ☐ ☐ ☐ ☐ ☐ ☐ ☐ ☐ ☐
6.	☐ ☐ ☐ ☐ ☐ ☐ ☐ ☐ ☐ ☐
7.	☐ ☐ ☐ ☐ ☐ ☐ ☐ ☐ ☐ ☐
8.	☐ ☐ ☐ ☐ ☐ ☐ ☐ ☐ ☐ ☐
9.	☐ ☐ ☐ ☐ ☐ ☐ ☐ ☐ ☐ ☐
10.	☐ ☐ ☐ ☐ ☐ ☐ ☐ ☐ ☐ ☐
11.	☐ ☐ ☐ ☐ ☐ ☐ ☐ ☐ ☐ ☐
Übereinstimmungen insgesamt	____________________

SENSIS Harmoniekarte SENSIS

Name	Datum
Spielteilnehmer	**Harmoniepunkte**
1.	☐ ☐ ☐ ☐ ☐ ☐ ☐ ☐ ☐ ☐
2.	☐ ☐ ☐ ☐ ☐ ☐ ☐ ☐ ☐ ☐
3.	☐ ☐ ☐ ☐ ☐ ☐ ☐ ☐ ☐ ☐
4.	☐ ☐ ☐ ☐ ☐ ☐ ☐ ☐ ☐ ☐
5.	☐ ☐ ☐ ☐ ☐ ☐ ☐ ☐ ☐ ☐
6.	☐ ☐ ☐ ☐ ☐ ☐ ☐ ☐ ☐ ☐
7.	☐ ☐ ☐ ☐ ☐ ☐ ☐ ☐ ☐ ☐
8.	☐ ☐ ☐ ☐ ☐ ☐ ☐ ☐ ☐ ☐
9.	☐ ☐ ☐ ☐ ☐ ☐ ☐ ☐ ☐ ☐
10.	☐ ☐ ☐ ☐ ☐ ☐ ☐ ☐ ☐ ☐
11.	☐ ☐ ☐ ☐ ☐ ☐ ☐ ☐ ☐ ☐
Übereinstimmungen insgesamt	

SENSIS Harmoniekarte SENSIS

Name	Datum
Spielteilnehmer	**Harmoniepunkte**
1.	☐ ☐ ☐ ☐ ☐ ☐ ☐ ☐ ☐ ☐
2.	☐ ☐ ☐ ☐ ☐ ☐ ☐ ☐ ☐ ☐
3.	☐ ☐ ☐ ☐ ☐ ☐ ☐ ☐ ☐ ☐
4.	☐ ☐ ☐ ☐ ☐ ☐ ☐ ☐ ☐ ☐
5.	☐ ☐ ☐ ☐ ☐ ☐ ☐ ☐ ☐ ☐
6.	☐ ☐ ☐ ☐ ☐ ☐ ☐ ☐ ☐ ☐
7.	☐ ☐ ☐ ☐ ☐ ☐ ☐ ☐ ☐ ☐
8.	☐ ☐ ☐ ☐ ☐ ☐ ☐ ☐ ☐ ☐
9.	☐ ☐ ☐ ☐ ☐ ☐ ☐ ☐ ☐ ☐
10.	☐ ☐ ☐ ☐ ☐ ☐ ☐ ☐ ☐ ☐
11.	☐ ☐ ☐ ☐ ☐ ☐ ☐ ☐ ☐ ☐
Übereinstimmungen insgesamt	

SENSIS Harmoniekarte SENSIS

Name	Datum
Spielteilnehmer	Harmoniepunkte
1.	□ □ □ □ □ □ □ □ □ □
2.	□ □ □ □ □ □ □ □ □ □
3.	□ □ □ □ □ □ □ □ □ □
4.	□ □ □ □ □ □ □ □ □ □
5.	□ □ □ □ □ □ □ □ □ □
6.	□ □ □ □ □ □ □ □ □ □
7.	□ □ □ □ □ □ □ □ □ □
8.	□ □ □ □ □ □ □ □ □ □
9.	□ □ □ □ □ □ □ □ □ □
10.	□ □ □ □ □ □ □ □ □ □
11.	□ □ □ □ □ □ □ □ □ □
Übereinstimmungen insgesamt	

SENSIS Harmoniekarte SENSIS

Name ______________________ Datum ______________________

Spielteilnehmer	Harmoniepunkte									
1.	☐	☐	☐	☐	☐	☐	☐	☐	☐	☐
2.	☐	☐	☐	☐	☐	☐	☐	☐	☐	☐
3.	☐	☐	☐	☐	☐	☐	☐	☐	☐	☐
4.	☐	☐	☐	☐	☐	☐	☐	☐	☐	☐
5.	☐	☐	☐	☐	☐	☐	☐	☐	☐	☐
6.	☐	☐	☐	☐	☐	☐	☐	☐	☐	☐
7.	☐	☐	☐	☐	☐	☐	☐	☐	☐	☐
8.	☐	☐	☐	☐	☐	☐	☐	☐	☐	☐
9.	☐	☐	☐	☐	☐	☐	☐	☐	☐	☐
10.	☐	☐	☐	☐	☐	☐	☐	☐	☐	☐
11.	☐	☐	☐	☐	☐	☐	☐	☐	☐	☐

Übereinstimmungen insgesamt ______________________

SENSIS Harmoniekarte SENSIS

Name ______________________ Datum ______________________

Spielteilnehmer	Harmoniepunkte
1.	☐ ☐ ☐ ☐ ☐ ☐ ☐ ☐ ☐ ☐
2.	☐ ☐ ☐ ☐ ☐ ☐ ☐ ☐ ☐ ☐
3.	☐ ☐ ☐ ☐ ☐ ☐ ☐ ☐ ☐ ☐
4.	☐ ☐ ☐ ☐ ☐ ☐ ☐ ☐ ☐ ☐
5.	☐ ☐ ☐ ☐ ☐ ☐ ☐ ☐ ☐ ☐
6.	☐ ☐ ☐ ☐ ☐ ☐ ☐ ☐ ☐ ☐
7.	☐ ☐ ☐ ☐ ☐ ☐ ☐ ☐ ☐ ☐
8.	☐ ☐ ☐ ☐ ☐ ☐ ☐ ☐ ☐ ☐
9.	☐ ☐ ☐ ☐ ☐ ☐ ☐ ☐ ☐ ☐
10.	☐ ☐ ☐ ☐ ☐ ☐ ☐ ☐ ☐ ☐
11.	☐ ☐ ☐ ☐ ☐ ☐ ☐ ☐ ☐ ☐
Übereinstimmungen insgesamt	

SENSIS Harmoniekarte SENSIS

Name ____________ Datum ____________

Spielteilnehmer	Harmoniepunkte
1.	☐ ☐ ☐ ☐ ☐ ☐ ☐ ☐ ☐ ☐
2.	☐ ☐ ☐ ☐ ☐ ☐ ☐ ☐ ☐ ☐
3.	☐ ☐ ☐ ☐ ☐ ☐ ☐ ☐ ☐ ☐
4.	☐ ☐ ☐ ☐ ☐ ☐ ☐ ☐ ☐ ☐
5.	☐ ☐ ☐ ☐ ☐ ☐ ☐ ☐ ☐ ☐
6.	☐ ☐ ☐ ☐ ☐ ☐ ☐ ☐ ☐ ☐
7.	☐ ☐ ☐ ☐ ☐ ☐ ☐ ☐ ☐ ☐
8.	☐ ☐ ☐ ☐ ☐ ☐ ☐ ☐ ☐ ☐
9.	☐ ☐ ☐ ☐ ☐ ☐ ☐ ☐ ☐ ☐
10.	☐ ☐ ☐ ☐ ☐ ☐ ☐ ☐ ☐ ☐
11.	☐ ☐ ☐ ☐ ☐ ☐ ☐ ☐ ☐ ☐
Übereinstimmungen insgesamt	

SENSIS Harmoniekarte SENSIS

Name	Datum
Spielteilnehmer	Harmoniepunkte
1.	☐ ☐ ☐ ☐ ☐ ☐ ☐ ☐ ☐ ☐
2.	☐ ☐ ☐ ☐ ☐ ☐ ☐ ☐ ☐ ☐
3.	☐ ☐ ☐ ☐ ☐ ☐ ☐ ☐ ☐ ☐
4.	☐ ☐ ☐ ☐ ☐ ☐ ☐ ☐ ☐ ☐
5.	☐ ☐ ☐ ☐ ☐ ☐ ☐ ☐ ☐ ☐
6.	☐ ☐ ☐ ☐ ☐ ☐ ☐ ☐ ☐ ☐
7.	☐ ☐ ☐ ☐ ☐ ☐ ☐ ☐ ☐ ☐
8.	☐ ☐ ☐ ☐ ☐ ☐ ☐ ☐ ☐ ☐
9.	☐ ☐ ☐ ☐ ☐ ☐ ☐ ☐ ☐ ☐
10.	☐ ☐ ☐ ☐ ☐ ☐ ☐ ☐ ☐ ☐
11.	☐ ☐ ☐ ☐ ☐ ☐ ☐ ☐ ☐ ☐
Übereinstimmungen insgesamt	

SENSIS Harmoniekarte SENSIS

Name ______________________ Datum ______________________

Spielteilnehmer	Harmoniepunkte
1.	☐ ☐ ☐ ☐ ☐ ☐ ☐ ☐ ☐ ☐
2.	☐ ☐ ☐ ☐ ☐ ☐ ☐ ☐ ☐ ☐
3.	☐ ☐ ☐ ☐ ☐ ☐ ☐ ☐ ☐ ☐
4.	☐ ☐ ☐ ☐ ☐ ☐ ☐ ☐ ☐ ☐
5.	☐ ☐ ☐ ☐ ☐ ☐ ☐ ☐ ☐ ☐
6.	☐ ☐ ☐ ☐ ☐ ☐ ☐ ☐ ☐ ☐
7.	☐ ☐ ☐ ☐ ☐ ☐ ☐ ☐ ☐ ☐
8.	☐ ☐ ☐ ☐ ☐ ☐ ☐ ☐ ☐ ☐
9.	☐ ☐ ☐ ☐ ☐ ☐ ☐ ☐ ☐ ☐
10.	☐ ☐ ☐ ☐ ☐ ☐ ☐ ☐ ☐ ☐
11.	☐ ☐ ☐ ☐ ☐ ☐ ☐ ☐ ☐ ☐
Übereinstimmungen insgesamt	

SENSIS Harmoniekarte SENSIS

Name	Datum
Spielteilnehmer	Harmoniepunkte
1.	☐ ☐ ☐ ☐ ☐ ☐ ☐ ☐ ☐ ☐
2.	☐ ☐ ☐ ☐ ☐ ☐ ☐ ☐ ☐ ☐
3.	☐ ☐ ☐ ☐ ☐ ☐ ☐ ☐ ☐ ☐
4.	☐ ☐ ☐ ☐ ☐ ☐ ☐ ☐ ☐ ☐
5.	☐ ☐ ☐ ☐ ☐ ☐ ☐ ☐ ☐ ☐
6.	☐ ☐ ☐ ☐ ☐ ☐ ☐ ☐ ☐ ☐
7.	☐ ☐ ☐ ☐ ☐ ☐ ☐ ☐ ☐ ☐
8.	☐ ☐ ☐ ☐ ☐ ☐ ☐ ☐ ☐ ☐
9.	☐ ☐ ☐ ☐ ☐ ☐ ☐ ☐ ☐ ☐
10.	☐ ☐ ☐ ☐ ☐ ☐ ☐ ☐ ☐ ☐
11.	☐ ☐ ☐ ☐ ☐ ☐ ☐ ☐ ☐ ☐
Übereinstimmungen insgesamt	

SENSIS Harmoniekarte SENSIS

Name ______________________ Datum ______________________

Spielteilnehmer	Harmoniepunkte
1.	☐ ☐ ☐ ☐ ☐ ☐ ☐ ☐ ☐ ☐
2.	☐ ☐ ☐ ☐ ☐ ☐ ☐ ☐ ☐ ☐
3.	☐ ☐ ☐ ☐ ☐ ☐ ☐ ☐ ☐ ☐
4.	☐ ☐ ☐ ☐ ☐ ☐ ☐ ☐ ☐ ☐
5.	☐ ☐ ☐ ☐ ☐ ☐ ☐ ☐ ☐ ☐
6.	☐ ☐ ☐ ☐ ☐ ☐ ☐ ☐ ☐ ☐
7.	☐ ☐ ☐ ☐ ☐ ☐ ☐ ☐ ☐ ☐
8.	☐ ☐ ☐ ☐ ☐ ☐ ☐ ☐ ☐ ☐
9.	☐ ☐ ☐ ☐ ☐ ☐ ☐ ☐ ☐ ☐
10.	☐ ☐ ☐ ☐ ☐ ☐ ☐ ☐ ☐ ☐
11.	☐ ☐ ☐ ☐ ☐ ☐ ☐ ☐ ☐ ☐
Übereinstimmungen insgesamt	

SENSIS Harmoniekarte SENSIS

Name	Datum
Spielteilnehmer	**Harmoniepunkte**
1.	□ □ □ □ □ □ □ □ □ □
2.	□ □ □ □ □ □ □ □ □ □
3.	□ □ □ □ □ □ □ □ □ □
4.	□ □ □ □ □ □ □ □ □ □
5.	□ □ □ □ □ □ □ □ □ □
6.	□ □ □ □ □ □ □ □ □ □
7.	□ □ □ □ □ □ □ □ □ □
8.	□ □ □ □ □ □ □ □ □ □
9.	□ □ □ □ □ □ □ □ □ □
10.	□ □ □ □ □ □ □ □ □ □
11.	□ □ □ □ □ □ □ □ □ □
Übereinstimmungen insgesamt	

SENSIS Harmoniekarte SENSIS

Name	Datum

Spielteilnehmer	Harmoniepunkte
1.	☐ ☐ ☐ ☐ ☐ ☐ ☐ ☐ ☐ ☐
2.	☐ ☐ ☐ ☐ ☐ ☐ ☐ ☐ ☐ ☐
3.	☐ ☐ ☐ ☐ ☐ ☐ ☐ ☐ ☐ ☐
4.	☐ ☐ ☐ ☐ ☐ ☐ ☐ ☐ ☐ ☐
5.	☐ ☐ ☐ ☐ ☐ ☐ ☐ ☐ ☐ ☐
6.	☐ ☐ ☐ ☐ ☐ ☐ ☐ ☐ ☐ ☐
7.	☐ ☐ ☐ ☐ ☐ ☐ ☐ ☐ ☐ ☐
8.	☐ ☐ ☐ ☐ ☐ ☐ ☐ ☐ ☐ ☐
9.	☐ ☐ ☐ ☐ ☐ ☐ ☐ ☐ ☐ ☐
10.	☐ ☐ ☐ ☐ ☐ ☐ ☐ ☐ ☐ ☐
11.	☐ ☐ ☐ ☐ ☐ ☐ ☐ ☐ ☐ ☐
Übereinstimmungen insgesamt	

SENSIS Harmoniekarte SENSIS

Name	Datum

Spielteilnehmer	Harmoniepunkte
1.	☐ ☐ ☐ ☐ ☐ ☐ ☐ ☐ ☐ ☐
2.	☐ ☐ ☐ ☐ ☐ ☐ ☐ ☐ ☐ ☐
3.	☐ ☐ ☐ ☐ ☐ ☐ ☐ ☐ ☐ ☐
4.	☐ ☐ ☐ ☐ ☐ ☐ ☐ ☐ ☐ ☐
5.	☐ ☐ ☐ ☐ ☐ ☐ ☐ ☐ ☐ ☐
6.	☐ ☐ ☐ ☐ ☐ ☐ ☐ ☐ ☐ ☐
7.	☐ ☐ ☐ ☐ ☐ ☐ ☐ ☐ ☐ ☐
8.	☐ ☐ ☐ ☐ ☐ ☐ ☐ ☐ ☐ ☐
9.	☐ ☐ ☐ ☐ ☐ ☐ ☐ ☐ ☐ ☐
10.	☐ ☐ ☐ ☐ ☐ ☐ ☐ ☐ ☐ ☐
11.	☐ ☐ ☐ ☐ ☐ ☐ ☐ ☐ ☐ ☐
Übereinstimmungen insgesamt	

SENSIS Harmoniekarte SENSIS

Name	Datum
Spielteilnehmer	Harmoniepunkte
1.	□ □ □ □ □ □ □ □ □ □
2.	□ □ □ □ □ □ □ □ □ □
3.	□ □ □ □ □ □ □ □ □ □
4.	□ □ □ □ □ □ □ □ □ □
5.	□ □ □ □ □ □ □ □ □ □
6.	□ □ □ □ □ □ □ □ □ □
7.	□ □ □ □ □ □ □ □ □ □
8.	□ □ □ □ □ □ □ □ □ □
9.	□ □ □ □ □ □ □ □ □ □
10.	□ □ □ □ □ □ □ □ □ □
11.	□ □ □ □ □ □ □ □ □ □
Übereinstimmungen insgesamt	

SENSIS Harmoniekarte SENSIS

Name	Datum
Spielteilnehmer	**Harmoniepunkte**
1.	☐ ☐ ☐ ☐ ☐ ☐ ☐ ☐ ☐ ☐
2.	☐ ☐ ☐ ☐ ☐ ☐ ☐ ☐ ☐ ☐
3.	☐ ☐ ☐ ☐ ☐ ☐ ☐ ☐ ☐ ☐
4.	☐ ☐ ☐ ☐ ☐ ☐ ☐ ☐ ☐ ☐
5.	☐ ☐ ☐ ☐ ☐ ☐ ☐ ☐ ☐ ☐
6.	☐ ☐ ☐ ☐ ☐ ☐ ☐ ☐ ☐ ☐
7.	☐ ☐ ☐ ☐ ☐ ☐ ☐ ☐ ☐ ☐
8.	☐ ☐ ☐ ☐ ☐ ☐ ☐ ☐ ☐ ☐
9.	☐ ☐ ☐ ☐ ☐ ☐ ☐ ☐ ☐ ☐
10.	☐ ☐ ☐ ☐ ☐ ☐ ☐ ☐ ☐ ☐
11.	☐ ☐ ☐ ☐ ☐ ☐ ☐ ☐ ☐ ☐
Übereinstimmungen insgesamt	

SENSIS Harmoniekarte SENSIS

Name ____________________ Datum ____________________

Spielteilnehmer	Harmoniepunkte
1.	☐ ☐ ☐ ☐ ☐ ☐ ☐ ☐ ☐ ☐
2.	☐ ☐ ☐ ☐ ☐ ☐ ☐ ☐ ☐ ☐
3.	☐ ☐ ☐ ☐ ☐ ☐ ☐ ☐ ☐ ☐
4.	☐ ☐ ☐ ☐ ☐ ☐ ☐ ☐ ☐ ☐
5.	☐ ☐ ☐ ☐ ☐ ☐ ☐ ☐ ☐ ☐
6.	☐ ☐ ☐ ☐ ☐ ☐ ☐ ☐ ☐ ☐
7.	☐ ☐ ☐ ☐ ☐ ☐ ☐ ☐ ☐ ☐
8.	☐ ☐ ☐ ☐ ☐ ☐ ☐ ☐ ☐ ☐
9.	☐ ☐ ☐ ☐ ☐ ☐ ☐ ☐ ☐ ☐
10.	☐ ☐ ☐ ☐ ☐ ☐ ☐ ☐ ☐ ☐
11.	☐ ☐ ☐ ☐ ☐ ☐ ☐ ☐ ☐ ☐
Übereinstimmungen insgesamt	

SENSIS Harmoniekarte SENSIS

Name	Datum
Spielteilnehmer	Harmoniepunkte
1.	☐ ☐ ☐ ☐ ☐ ☐ ☐ ☐ ☐ ☐
2.	☐ ☐ ☐ ☐ ☐ ☐ ☐ ☐ ☐ ☐
3.	☐ ☐ ☐ ☐ ☐ ☐ ☐ ☐ ☐ ☐
4.	☐ ☐ ☐ ☐ ☐ ☐ ☐ ☐ ☐ ☐
5.	☐ ☐ ☐ ☐ ☐ ☐ ☐ ☐ ☐ ☐
6.	☐ ☐ ☐ ☐ ☐ ☐ ☐ ☐ ☐ ☐
7.	☐ ☐ ☐ ☐ ☐ ☐ ☐ ☐ ☐ ☐
8.	☐ ☐ ☐ ☐ ☐ ☐ ☐ ☐ ☐ ☐
9.	☐ ☐ ☐ ☐ ☐ ☐ ☐ ☐ ☐ ☐
10.	☐ ☐ ☐ ☐ ☐ ☐ ☐ ☐ ☐ ☐
11.	☐ ☐ ☐ ☐ ☐ ☐ ☐ ☐ ☐ ☐
Übereinstimmungen insgesamt	

SENSIS Harmoniekarte SENSIS

Name	Datum
Spielteilnehmer	Harmoniepunkte
1.	☐ ☐ ☐ ☐ ☐ ☐ ☐ ☐ ☐ ☐
2.	☐ ☐ ☐ ☐ ☐ ☐ ☐ ☐ ☐ ☐
3.	☐ ☐ ☐ ☐ ☐ ☐ ☐ ☐ ☐ ☐
4.	☐ ☐ ☐ ☐ ☐ ☐ ☐ ☐ ☐ ☐
5.	☐ ☐ ☐ ☐ ☐ ☐ ☐ ☐ ☐ ☐
6.	☐ ☐ ☐ ☐ ☐ ☐ ☐ ☐ ☐ ☐
7.	☐ ☐ ☐ ☐ ☐ ☐ ☐ ☐ ☐ ☐
8.	☐ ☐ ☐ ☐ ☐ ☐ ☐ ☐ ☐ ☐
9.	☐ ☐ ☐ ☐ ☐ ☐ ☐ ☐ ☐ ☐
10.	☐ ☐ ☐ ☐ ☐ ☐ ☐ ☐ ☐ ☐
11.	☐ ☐ ☐ ☐ ☐ ☐ ☐ ☐ ☐ ☐
Übereinstimmungen insgesamt	

SENSIS Harmoniekarte SENSIS

Name	Datum

Spielteilnehmer	Harmoniepunkte
1.	☐ ☐ ☐ ☐ ☐ ☐ ☐ ☐ ☐ ☐
2.	☐ ☐ ☐ ☐ ☐ ☐ ☐ ☐ ☐ ☐
3.	☐ ☐ ☐ ☐ ☐ ☐ ☐ ☐ ☐ ☐
4.	☐ ☐ ☐ ☐ ☐ ☐ ☐ ☐ ☐ ☐
5.	☐ ☐ ☐ ☐ ☐ ☐ ☐ ☐ ☐ ☐
6.	☐ ☐ ☐ ☐ ☐ ☐ ☐ ☐ ☐ ☐
7.	☐ ☐ ☐ ☐ ☐ ☐ ☐ ☐ ☐ ☐
8.	☐ ☐ ☐ ☐ ☐ ☐ ☐ ☐ ☐ ☐
9.	☐ ☐ ☐ ☐ ☐ ☐ ☐ ☐ ☐ ☐
10.	☐ ☐ ☐ ☐ ☐ ☐ ☐ ☐ ☐ ☐
11.	☐ ☐ ☐ ☐ ☐ ☐ ☐ ☐ ☐ ☐
Übereinstimmungen insgesamt	

SENSIS Harmoniekarte SENSIS

Name	Datum
Spielteilnehmer	Harmoniepunkte
1.	☐ ☐ ☐ ☐ ☐ ☐ ☐ ☐ ☐ ☐
2.	☐ ☐ ☐ ☐ ☐ ☐ ☐ ☐ ☐ ☐
3.	☐ ☐ ☐ ☐ ☐ ☐ ☐ ☐ ☐ ☐
4.	☐ ☐ ☐ ☐ ☐ ☐ ☐ ☐ ☐ ☐
5.	☐ ☐ ☐ ☐ ☐ ☐ ☐ ☐ ☐ ☐
6.	☐ ☐ ☐ ☐ ☐ ☐ ☐ ☐ ☐ ☐
7.	☐ ☐ ☐ ☐ ☐ ☐ ☐ ☐ ☐ ☐
8.	☐ ☐ ☐ ☐ ☐ ☐ ☐ ☐ ☐ ☐
9.	☐ ☐ ☐ ☐ ☐ ☐ ☐ ☐ ☐ ☐
10.	☐ ☐ ☐ ☐ ☐ ☐ ☐ ☐ ☐ ☐
11.	☐ ☐ ☐ ☐ ☐ ☐ ☐ ☐ ☐ ☐
Übereinstimmungen insgesamt	

SENSIS Harmoniekarte SENSIS

Name	Datum
Spielteilnehmer	**Harmoniepunkte**
1.	☐ ☐ ☐ ☐ ☐ ☐ ☐ ☐ ☐ ☐
2.	☐ ☐ ☐ ☐ ☐ ☐ ☐ ☐ ☐ ☐
3.	☐ ☐ ☐ ☐ ☐ ☐ ☐ ☐ ☐ ☐
4.	☐ ☐ ☐ ☐ ☐ ☐ ☐ ☐ ☐ ☐
5.	☐ ☐ ☐ ☐ ☐ ☐ ☐ ☐ ☐ ☐
6.	☐ ☐ ☐ ☐ ☐ ☐ ☐ ☐ ☐ ☐
7.	☐ ☐ ☐ ☐ ☐ ☐ ☐ ☐ ☐ ☐
8.	☐ ☐ ☐ ☐ ☐ ☐ ☐ ☐ ☐ ☐
9.	☐ ☐ ☐ ☐ ☐ ☐ ☐ ☐ ☐ ☐
10.	☐ ☐ ☐ ☐ ☐ ☐ ☐ ☐ ☐ ☐
11.	☐ ☐ ☐ ☐ ☐ ☐ ☐ ☐ ☐ ☐
Übereinstimmungen insgesamt	

SENSIS Harmoniekarte SENSIS

Name	Datum
Spielteilnehmer	Harmoniepunkte
1.	☐ ☐ ☐ ☐ ☐ ☐ ☐ ☐ ☐ ☐
2.	☐ ☐ ☐ ☐ ☐ ☐ ☐ ☐ ☐ ☐
3.	☐ ☐ ☐ ☐ ☐ ☐ ☐ ☐ ☐ ☐
4.	☐ ☐ ☐ ☐ ☐ ☐ ☐ ☐ ☐ ☐
5.	☐ ☐ ☐ ☐ ☐ ☐ ☐ ☐ ☐ ☐
6.	☐ ☐ ☐ ☐ ☐ ☐ ☐ ☐ ☐ ☐
7.	☐ ☐ ☐ ☐ ☐ ☐ ☐ ☐ ☐ ☐
8.	☐ ☐ ☐ ☐ ☐ ☐ ☐ ☐ ☐ ☐
9.	☐ ☐ ☐ ☐ ☐ ☐ ☐ ☐ ☐ ☐
10.	☐ ☐ ☐ ☐ ☐ ☐ ☐ ☐ ☐ ☐
11.	☐ ☐ ☐ ☐ ☐ ☐ ☐ ☐ ☐ ☐
Übereinstimmungen insgesamt	

SENSIS Harmoniekarte SENSIS

Name	Datum
Spielteilnehmer	**Harmoniepunkte**
1.	☐ ☐ ☐ ☐ ☐ ☐ ☐ ☐ ☐ ☐
2.	☐ ☐ ☐ ☐ ☐ ☐ ☐ ☐ ☐ ☐
3.	☐ ☐ ☐ ☐ ☐ ☐ ☐ ☐ ☐ ☐
4.	☐ ☐ ☐ ☐ ☐ ☐ ☐ ☐ ☐ ☐
5.	☐ ☐ ☐ ☐ ☐ ☐ ☐ ☐ ☐ ☐
6.	☐ ☐ ☐ ☐ ☐ ☐ ☐ ☐ ☐ ☐
7.	☐ ☐ ☐ ☐ ☐ ☐ ☐ ☐ ☐ ☐
8.	☐ ☐ ☐ ☐ ☐ ☐ ☐ ☐ ☐ ☐
9.	☐ ☐ ☐ ☐ ☐ ☐ ☐ ☐ ☐ ☐
10.	☐ ☐ ☐ ☐ ☐ ☐ ☐ ☐ ☐ ☐
11.	☐ ☐ ☐ ☐ ☐ ☐ ☐ ☐ ☐ ☐
Übereinstimmungen insgesamt	

SENSIS Harmoniekarte SENSIS

Name	Datum
Spielteilnehmer	Harmoniepunkte
1.	☐ ☐ ☐ ☐ ☐ ☐ ☐ ☐ ☐ ☐
2.	☐ ☐ ☐ ☐ ☐ ☐ ☐ ☐ ☐ ☐
3.	☐ ☐ ☐ ☐ ☐ ☐ ☐ ☐ ☐ ☐
4.	☐ ☐ ☐ ☐ ☐ ☐ ☐ ☐ ☐ ☐
5.	☐ ☐ ☐ ☐ ☐ ☐ ☐ ☐ ☐ ☐
6.	☐ ☐ ☐ ☐ ☐ ☐ ☐ ☐ ☐ ☐
7.	☐ ☐ ☐ ☐ ☐ ☐ ☐ ☐ ☐ ☐
8.	☐ ☐ ☐ ☐ ☐ ☐ ☐ ☐ ☐ ☐
9.	☐ ☐ ☐ ☐ ☐ ☐ ☐ ☐ ☐ ☐
10.	☐ ☐ ☐ ☐ ☐ ☐ ☐ ☐ ☐ ☐
11.	☐ ☐ ☐ ☐ ☐ ☐ ☐ ☐ ☐ ☐
Übereinstimmungen insgesamt	

SENSIS Harmoniekarte SENSIS

Name ____________________ Datum ____________________

Spielteilnehmer	Harmoniepunkte
1.	☐ ☐ ☐ ☐ ☐ ☐ ☐ ☐ ☐ ☐
2.	☐ ☐ ☐ ☐ ☐ ☐ ☐ ☐ ☐ ☐
3.	☐ ☐ ☐ ☐ ☐ ☐ ☐ ☐ ☐ ☐
4.	☐ ☐ ☐ ☐ ☐ ☐ ☐ ☐ ☐ ☐
5.	☐ ☐ ☐ ☐ ☐ ☐ ☐ ☐ ☐ ☐
6.	☐ ☐ ☐ ☐ ☐ ☐ ☐ ☐ ☐ ☐
7.	☐ ☐ ☐ ☐ ☐ ☐ ☐ ☐ ☐ ☐
8.	☐ ☐ ☐ ☐ ☐ ☐ ☐ ☐ ☐ ☐
9.	☐ ☐ ☐ ☐ ☐ ☐ ☐ ☐ ☐ ☐
10.	☐ ☐ ☐ ☐ ☐ ☐ ☐ ☐ ☐ ☐
11.	☐ ☐ ☐ ☐ ☐ ☐ ☐ ☐ ☐ ☐
Übereinstimmungen insgesamt	

SENSIS Harmoniekarte SENSIS

Name ____________________ Datum ____________________

Spielteilnehmer	Harmoniepunkte
1.	□ □ □ □ □ □ □ □ □ □
2.	□ □ □ □ □ □ □ □ □ □
3.	□ □ □ □ □ □ □ □ □ □
4.	□ □ □ □ □ □ □ □ □ □
5.	□ □ □ □ □ □ □ □ □ □
6.	□ □ □ □ □ □ □ □ □ □
7.	□ □ □ □ □ □ □ □ □ □
8.	□ □ □ □ □ □ □ □ □ □
9.	□ □ □ □ □ □ □ □ □ □
10.	□ □ □ □ □ □ □ □ □ □
11.	□ □ □ □ □ □ □ □ □ □
Übereinstimmungen insgesamt	

SENSIS Harmoniekarte SENSIS

Name	Datum

Spielteilnehmer	Harmoniepunkte									
1.	☐	☐	☐	☐	☐	☐	☐	☐	☐	☐
2.	☐	☐	☐	☐	☐	☐	☐	☐	☐	☐
3.	☐	☐	☐	☐	☐	☐	☐	☐	☐	☐
4.	☐	☐	☐	☐	☐	☐	☐	☐	☐	☐
5.	☐	☐	☐	☐	☐	☐	☐	☐	☐	☐
6.	☐	☐	☐	☐	☐	☐	☐	☐	☐	☐
7.	☐	☐	☐	☐	☐	☐	☐	☐	☐	☐
8.	☐	☐	☐	☐	☐	☐	☐	☐	☐	☐
9.	☐	☐	☐	☐	☐	☐	☐	☐	☐	☐
10.	☐	☐	☐	☐	☐	☐	☐	☐	☐	☐
11.	☐	☐	☐	☐	☐	☐	☐	☐	☐	☐
Übereinstimmungen insgesamt										

SENSIS Harmoniekarte SENSIS

Name	Datum
Spielteilnehmer	Harmoniepunkte
1.	☐ ☐ ☐ ☐ ☐ ☐ ☐ ☐ ☐ ☐
2.	☐ ☐ ☐ ☐ ☐ ☐ ☐ ☐ ☐ ☐
3.	☐ ☐ ☐ ☐ ☐ ☐ ☐ ☐ ☐ ☐
4.	☐ ☐ ☐ ☐ ☐ ☐ ☐ ☐ ☐ ☐
5.	☐ ☐ ☐ ☐ ☐ ☐ ☐ ☐ ☐ ☐
6.	☐ ☐ ☐ ☐ ☐ ☐ ☐ ☐ ☐ ☐
7.	☐ ☐ ☐ ☐ ☐ ☐ ☐ ☐ ☐ ☐
8.	☐ ☐ ☐ ☐ ☐ ☐ ☐ ☐ ☐ ☐
9.	☐ ☐ ☐ ☐ ☐ ☐ ☐ ☐ ☐ ☐
10.	☐ ☐ ☐ ☐ ☐ ☐ ☐ ☐ ☐ ☐
11.	☐ ☐ ☐ ☐ ☐ ☐ ☐ ☐ ☐ ☐
Übereinstimmungen insgesamt	

SENSIS Harmoniekarte SENSIS

Name	Datum
Spielteilnehmer	Harmoniepunkte
1.	☐ ☐ ☐ ☐ ☐ ☐ ☐ ☐ ☐ ☐
2.	☐ ☐ ☐ ☐ ☐ ☐ ☐ ☐ ☐ ☐
3.	☐ ☐ ☐ ☐ ☐ ☐ ☐ ☐ ☐ ☐
4.	☐ ☐ ☐ ☐ ☐ ☐ ☐ ☐ ☐ ☐
5.	☐ ☐ ☐ ☐ ☐ ☐ ☐ ☐ ☐ ☐
6.	☐ ☐ ☐ ☐ ☐ ☐ ☐ ☐ ☐ ☐
7.	☐ ☐ ☐ ☐ ☐ ☐ ☐ ☐ ☐ ☐
8.	☐ ☐ ☐ ☐ ☐ ☐ ☐ ☐ ☐ ☐
9.	☐ ☐ ☐ ☐ ☐ ☐ ☐ ☐ ☐ ☐
10.	☐ ☐ ☐ ☐ ☐ ☐ ☐ ☐ ☐ ☐
11.	☐ ☐ ☐ ☐ ☐ ☐ ☐ ☐ ☐ ☐
Übereinstimmungen insgesamt	

Bewußter leben und erleben.

Stangl, Marie-Luise
Jede Minute sinnvoll leben
– Vertrauen zu sich selbst gewinnen –
123 Seiten
5,80 DM
ISBN 3-612-20015-1
ETB 20015

Das Buch
Eine der besten Kennerinnen der alten chinesisch-japanischen Weisheiten des Zen-Buddhismus verhilft dem Leser – von der Hausfrau bis hin zum Top-Manager – zu einem neuen Verständnis seiner selbst. Sie beschreibt, wie man durch Bewußtwerdung ganz alltäglicher Tätigkeiten und Verrichtungen – wie Gehen, Stehen, Laufen, Essen, Arbeiten – sein Leben und seine Persönlichkeit eindringlicher und bejahender erlebt und erfaßt, wie man sich von Angst, Zerrissenheit, Selbstentfremdung und aus innerer Einsamkeit löst und dadurch neue Lebenskraft schöpft.

Die Autorin
Marie-Luise Stangl leitet im Odenwald, zusammen mit ihrem Mann Dr. Anton Stangl, seit vielen Jahren Seminare zur Persönlichkeitsbildung durch Entspannungstechniken.

Der Weg zum inneren Reich.

Müller-Elmau, Bernhard
Kräfte aus der Stille
– Die transzendentale Meditation –
191 Seiten
7,80 DM
ISBN 3-612-20021-6
ETB 20021

Das Buch
Ohne Bewußtsein könnten wir nichts von unserem Dasein als Mensch wissen. Transzendentale Meditation führt den Menschen wieder in die Bereiche des Seelisch-Geistigen zurück und erschließt ihm sein inneres Reich und ein Bewußtsein, in dem Liebe, Glück und Würde ihren angestammten Platz einnehmen können.

Der Autor
Bernhard Müller-Elmau leitet Schloß Elmau am Wetterstein, das sein Vater als Stätte geistiger Erholung geschaffen hat. Er beschäftigt sich seit vielen Jahren mit Transzendentaler Meditation. Während eines Studienaufenthaltes in Indien traf er Maharishi Mahesh Yogi, der dies erste deutsche Buch über Transzendentaler Meditation gut geheißen hat.

Wir sind alle auf demselben Weg.

Stangl, Marie-Luise
Die Welt der Chakren
– Praktische Übungen zur Seins-Erfahrung –
Originalausgabe
107 Seiten
49 Zeichnungen
5,80 DM
ISBN 3-612-20022-4
ETB 20022

Das Buch
Die Lehre von den Chakren – eine indische Lehre – handelt von den menschlichen Kraftzentren, den Zentren, in denen der Mensch die Schwingungen seiner Lebensenergie oder Lebenskraft aus dem Kosmos, der unmerklichen Quelle seines Seins aufnimmt. Dieses Buch soll dem Leser helfen, bewußter zu leben, sein Denken und Fühlen im Hier und Jetzt zu zentrieren, sich zu entspannen, Zuversicht, Vertrauen, Frieden und Liebe zu finden.

Die Autorin
Marie-Luise Stangl ist Entspannungspädagogin. Sie leitet seit vielen Jahren, zusammen mit ihrem Mann Dr. Anton Stangl, Seminare zur Selbsterfahrung und Selbstverwirklichung durch Eutonie und Zen.

Schlank im Schlaf.

Bierach, Alfred
Schlank im Schlaf durch vertiefte Entspannung
– Die SIS-Methode –
144 Seiten, 1 Grafik
6,80 DM
ISBN 3-612-20008-9
ETB 20008

Das Buch
Durch vertiefte Entspannung im Schlaf schlank werden, dies ist eine neue Methode, die all jenen zu empfehlen ist, die ohne Mühe schlank werden und endlich wieder ihr Normalgewicht erreichen wollen. Im Zustand tiefster Entspannung suggeriert der Mensch seinem Unterbewußtsein ein verändertes Ernährungsprinzip und kann so bei Bewußtsein mühelos den neuen Weg einhalten. Eine wissenschaftliche und praxiserprobte Methode, die in psychosomatischen Kliniken angewandt wird.

Der Autor
Dr. Alfred Bierach, Psychotherapeut und Naturheilkundler, ist in eigener Praxis am Bodensee tätig. Mit der SIS-Methode hat er vielen Patienten geholfen, schlank zu werden.

Das Standardwerk der biologischen Küche.

Danner, Helma
Biologisch kochen und backen
– Das Rezeptbuch der natürlichen Ernährung –
288 Seiten, 8 Farbtafeln, 425 Rezepte
14,80 DM
ISBN 3-612-20003-8
ETB 20003

Das Buch
Natürliche Ernährung ist nicht nur gesund, sondern auch wohlschmeckend, durch sie können Krankheiten geheilt, gelindert und verhindert werden: Karies, Paradontose, Erkrankung des Bewegungsapparates, Zuckerkrankheit, Leber-, Gallen-, Nierenerkrankungen, Beschwerden der Verdauungsorgane, Gefäßerkrankungen u. v. a. m. Naturbelassene Ernährung bringt dem Menschen neuen Schwung, Elastizität, Ausdauer und hohe Konzentrationsfähigkeit, sie erhält ihn gesund und schlank.
Die Rezepte in diesem Buch sind praxiserprobt.

Die Autorin
Helma Danner ist Gesundheitsberaterin.
Sie beschäftigt sich seit vielen Jahren mit der wissenschaftlichen und Laienliteratur auf dem Ernährungssektor, mit neuesten und alten Gesundheits- und Kochbüchern.

Gesunde Ernährung für körperliches und seelisches Wohl.

Dörner, Ilse Sibylle
Das grüne Kochbuch
– Handbuch der naturbelassenen Küche –
270 Seiten
20 Zeichnungen
382 Rezepte
12,80 DM
ISBN 3-612-20026-7
ETB 20026

Das Buch
Das Handbuch der naturbelassenen Küche beweist mit über 380 Rezepten, daß man gesund leben und trotzdem köstlich essen kann.
Modernes Kochen mit frischen und gesunden Lebensmitteln, die schonend, selbst für schmackhafte Speisen, verarbeitet werden – unter dieser Maxime steht das grüne Kochbuch mit seinen vielen praxiserprobten Rezepten, Anleitungen, Tips und Ratschlägen zur naturbelassenen Küche. Es zeigt aber auch, daß Kochen nicht erst am Herd beginnt: Joghurt und Käse, Gemüse und Kräuter aus eigener Produktion bereichern jeden Tisch.

Die Autorin
Ilse Sibylle Dörner schreibt als freie Journalistin u. a. für die Zeitschrift „Feinschmecker". Sie ist Autorin mehrerer Kochbücher.

Endlich! Die Diät, die Spaß macht.

Dörner, Ilse Sibylle
Diät mit Bio-Kost
– Schlank, gesund und fit –
Originalausgabe
189 Seiten
16 Zeichnungen
232 Rezepte
9,80 DM
ISBN 3-612-20019-4
ETB 20019

Das Buch
Bio-Diät ist eine neue, gesunde Möglichkeit, schlank zu werden und schlank zu bleiben. Köstliche Rezepte, eine Einführung in die Kräuter- und Keimlingszucht, Bio-Kosmetik und Bio-Medizin verleiten den Leser, sofort anzufangen und ohne Qual und zeitliche Begrenzung seinem Körper etwas Gutes zu tun, ihn schlank und fit zu halten.

Die Autorin
Ilse Sibylle Dörner schreibt als freie Journalistin u. a. für die Zeitschrift „Feinschmecker". Sie ist Autorin mehrerer Kochbücher, u.a. „Das grüne Kochbuch", ein Standardwerk für die alternative Küche.

Schnäpse und Liköre – Auch ein Stück Gesundheit?

Buss, Katharina
Leib- u. Magenelixiere
– Selbstgemachte Liköre u. Schnäpse –
Originalausgabe
144 Seiten
30 Zeichnungen
4 Farbtaf., 167 Rezepte
8,80 DM
ISBN 3-612-20018-6
ETB 20018

Das Buch
Äbte, Padres und Nonnen durften keinen Alkohol zu sich nehmen, und doch haben sie die besten Rezepte für die Zubereitung von Kräuterlikören und Schnäpsen zusammengestellt.
Viele der alten Klöstertränke sind hier in etwa 200 Rezepten aufgenommen. Für jeden Geschmack und für die Gesundheit obendrein ist etwas dabei.
Eine Tabelle über die Reifezeiten von Früchten und Kräutern erleichtern die jährliche Planung der eigenen Herstellung.

Die Autorin
Katharina Buss ist Lebensmitteljournalistin, sie schreibt u. a. für den „Feinschmecker". Die Rezepte hat sie selbst ausprobiert.

AIDS wurde zum Schrecken der Welt.

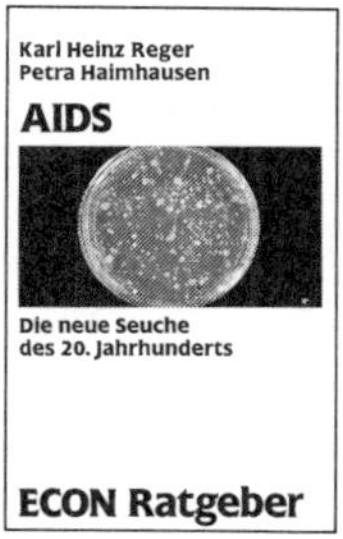

Reger, Karl Heinz/
Haimhausen, Petra
AIDS
– Die neue Seuche des 20. Jahrhunderts –
134 Seiten
8,80 DM
ISBN 3-612-20084-4
ETB 20084

Das Buch
Dieses Buch soll Aufklärung schaffen, es offenbart alles, was heute über diese verhängnisvolle Krankheit und ihre Entstehung bekannt ist.

Aus dem Inhalt
Fünf Schicksale, die am Beginn einer neuen Epidemie stehen · So kann AIDS entstehen · Wie AIDS in den Körper gelangt · Krankheitserreger, die für AIDS-Kranke tödlich sein können · Was Ärzte heute gegen AIDS tun können · Wie AIDS-Gefährdete sich schützen können.

Die Autoren
Karl Heinz Reger ist Journalist und Sachbuchautor medizinischer Themen.
Dr. med. Petra Haimhausen ist Ärztin.

Jeder 5. Deutsche reagiert allergisch.

Ulrich, Wolf
Allergien sind heilbar
– Hilfe bei Heuschnupfen und anderen allergischen Krankheiten –
159 Seiten
14 Zeichnungen
8,80 DM
ISBN 3-612-20023-2
ETB 20023

Das Buch
Tränende Augen, Schnupfnase, geschwollene Schleimhäute oder absinkender Blutdruck sind typische Symptome für Allergien, die ausgelöst werden können durch Pilzsporen oder Pollen, durch Medikamente, Mehl, verschiedene Fasern, Milch, Obst, Fisch oder Eier. Beschrieben wird, welche Krankheitsbilder mit welchen Symptomen allergisch bedingt sind, welche Diagnosemethoden es gibt, welche Vor- und Nachteile sie haben und wie Allergien behandelt werden können.

Der Autor
Dr. med. Wolf Ulrich ist Medizinjournalist und Verfasser anderer Bücher. Im ECON-Verlag erschienen seine Ratgeber „Schmerzfrei durch Akupressur und Akupunktur", „Zellulitis ist heilbar" und „Haare pflegen und erhalten".

Rheuma: Die Geißel Nummer 1.

Alexander, Maximilian
Rheuma ist heilbar
– Neueste Naturheilmethoden –
142 Seiten
7,80 DM
ISBN 3-612-20017-8
ETB 20017

Das Buch
Mindestens vier Prozent der Menschheit ist an Rheuma erkrankt. Die herkömmliche Medizin hat diese Krankheit mit ihren verheerenden Folgen für Patient, Staat und Volkswirtschaft nicht in den Griff bekommen können.
In diesem Buch werden hochwirksame Naturheilmethoden gegen den gesamten Rheumakomplex dargestellt. Bei konsequenter Anwendung kann mit Naturheilmitteln dieses Leiden gelindert werden, eine neue Hoffnung besteht zurecht.

Der Autor
Maximilian Alexander arbeitet seit vielen Jahren als Medizin-Journalist.

Jede dritte Frau leidet unter Orangenhaut.

Ulrich, Wolf
Zellulitis ist heilbar
– Orangenhaut vorbeugen und selbst behandeln –
128 Seiten
51 Fotos
6,80 DM
ISBN 3-612-20012-7
ETB 20012

Das Buch
Zellulitis ist heilbar! Der Autor erklärt, wie Zellulitis entsteht, und schildert, wie man Zellulitis erfolgreich vorbeugen kann und sie heilt. Er entwickelte ein mehrstufiges Anti-Zellulitis-Programm, mit dem er durch Lebensführung, richtige Ernährung, Sport und Gymnastik, Massage, Medikamente und viel Geduld in zehn Wochen diese häßliche Krankheit heilen kann. 51 Fotos erläutern sein Programm und erleichtern dem Leser, es alleine durchzuführen.

Der Autor
Dr. med. Wolf Ulrich ist Facharzt für Hautkrankheiten.

Autogenes Training zum Wohl der Gesundheit.

Eberlein, Gisela
Gesund durch Autogenes Training
132 Seiten
6 Zeichnungen
7,80 DM
ISBN 3-612-20141-7
ETB 20141

Das Buch
Alltagsstreß, nervöse Störungen an Herz, Kreislauf, Magen und Darm können durch Autogenes Training behoben werden.
Auch bei Schlafstörungen, depressiven Verstimmungen und Angstzuständen hilft Autogenes Training.
Die Autorin zeigt anhand von eindrucksvollen Beispielen aus ihrer Praxis, welche Erfolge sie mit Autogenem Training erzielte, und sie gibt konkrete Anleitungen, wie das Autogene Training von jedermann angewandt werden kann.
Dies ist ein Ratgeber für alle, die sich geistig und körperlich fit halten wollen.

Die Autorin
Dr. med. Gisela Eberlein unterrichtet in eigener Praxis Autogenes Training und leitet außerdem Kurse und Seminare an einer Volkshochschule sowie in Arbeitsgemeinschaften.

Die Wechseljahre: Keine Krankheit, sondern eine Lebensstufe.

van Keep, Pieter A./
Jaszmann, Laszlo
Die Wechseljahre der Frau
139 Seiten
6 Zeichnungen
6,80 DM
ISBN 3-612-20013-5
ETB 20013

Das Buch
Der Übergang von der fruchtbaren in die nächste Lebensperiode ist für Körper und Psyche der Frau mit einschneidenden Veränderungen verbunden. Neben den rein hormonellen Umstellungen des Körpers und Nebenerscheinungen, wie Hitzewallungen, verbunden mit akuten Schweißausbrüchen, Schilddrüsenstörungen, rheumatischen Gelenkveränderungen, hat die Frau häufig mit psychischen Beschwerden, wie Depressionen und starken Schwankungen im Gefühlsleben, zu kämpfen. Dieses Buch zeigt, wie jede Frau diese Beschwerden erfolgreich durch die bewußte Auseinandersetzung mit dieser Lebensphase angehen kann.

Die Autoren
P. A. van Keep und L. Jaszmann, Gynäkologen, haben in diesem Buch wissenschaftlich fundierte Erfahrungen aus der klinischen Arbeit mit Frauen im Klimakterium zusammengestellt.

Sich selbst massieren – kein Problem.

Stadtlaender, Chris
Selbstmassage
– Gesund und schön durch eigene Kraft –
Originalausgabe
160 Seiten
29 Zeichnungen
8,80 DM
ISBN 3-612-20067-4
ETB 20067

Das Buch
Schon die alten Griechen und Römer wußten um den gesundheits- und schönheitsfördernden Wert der Massage, der bis heute feststeht. Massagen sind teuer, auf Krankenschein kann man sich nur bei Krankheit und bei degenerativen Leiden massieren lassen. Um gesund und schön zu bleiben, kann man sich aber auch selbst massieren, wie, das zeigt die Autorin. Nach einer Einführung in die Geschichte der Massage, einer Erläuterung der Heil-, Sport- und Schönheitsmassagen, der Vorsichtsmaßnahmen bei Schmerzen, Entzündungen und Krampfadern beschreibt sie, wie man sich von Kopf bis Fuß selbst massieren kann, welche Griffe man kennen muß und welche selbst hergestellten Kräuteröle man verwenden kann.

Die Autorin
Chris Stadtlaender ist Fachjournalistin für Medizin und Kosmetik. Sie lebt in Wien.

Box dich fit!

Dunkel, C./Schulz, H.
Boxgymnastik für Frauen
Das neue Fitneßprogramm für den ganzen Körper
Originalausgabe
112 Seiten, 102 Fotos
8,80 DM
ISBN 3-612-20149-2
ETB 20149

Das Buch
Bei dieser neuen Gymnastikart kämpfen nicht Frauen gegen Frauen, sondern es ist eine Sportart, die den Körper besser trainiert als Aerobic und Jogging zusammen. Es ist außerdem ein Anti-Aggressions-Programm, das Streß und Ärger abbaut. Die Autorin beschreibt, welche Geräte und Kleidung benötigt werden, wie hoch der finanzielle Aufwand ist und gibt in ausführlichen Schritt-für-Schritt-Übungen zahlreiche Hinweise für richtiges Training, damit die ideale Figur erreicht werden kann.

Die Autorin
Cornelia Dunkel ist seit vielen Jahren Gymnastik- und Sportlehrerin und hat das Box-Training in ihr Lehrprogramm aufgenommen.

Erste Hilfe für Kinder.

Diagram
Soforthilfe für mein Kind
Bei Unfällen und Krankheiten
128 Seiten
200 Zeichnungen
7,80 DM
ISBN 3-612-20115-8
ETB 20115

Das Buch
Wie wäscht man eine Wunde aus? Wie behandelt man Verbrennungen? Wie wird ein Finger verbunden? Was macht man bei Knochenbrüchen? Wie entfernt man einen Splitter? Was gehört in den Erste-Hilfe-Schrank? Was macht man bei Hautinfektionen?
Auf diese und viele andere Fragen gibt das Buch klare Antworten, erklärt durch über 200 Zeichnungen. Es sagt den Eltern, wie sie sich bei Kinderkrankheiten und anderen kindlichen Problemen verhalten sollen, bei Blinddarmreizung und Ohrinfektionen, bei Schock und in vielen anderen Fällen.
Dieses Buch wurde in Zusammenarbeit mit dem Deutschen Roten Kreuz erstellt und ist Begleitbuch in einer ZDF-Fernsehreihe.

Mehr Spaß am Lernen – Mehr Zeit zum Spielen.

Beyer, Günther
So lernen Schüler leichter
– Gedächtnis- und Konzentrationstraining –
128 Seiten, 92 Zeichnungen, 49 Übungen
6,80 DM
ISBN 3-612-20001-1
ETB 20001

Das Buch
Mangelhafte Konzentrationsfähigkeit und schlechtes Gedächtnis sind oft die Ursachen für ungenügende Leistungen in der Schule. Dieses Buch schafft Abhilfe: Kinder zwischen 8 und 15 Jahren erfahren, wie sie mit einfachen Lerntechniken ihr Gedächtnis schulen und ihre Konzentrationsfähigkeit erhöhen können, um besser zu werden, Spaß am schnellen Lernen zu finden und damit mehr Zeit zum Spielen zu haben.
Übungen und Kontrolltests helfen, Können und Leistungen zu steigern.

Der Autor
Günther Beyer ist Gründer des Eltern-Schüler-Förderkreises Nordrhein-Westfalen. Er leitet ein eigenes Institut für Creatives Lernen.
Im ECON-Verlag erschienen seine Ratgeber „Creatives Lernen", „Gedächtnis- und Konzentrationstraining" und „Superwissen durch Alpha-Training".

Die Ängste unserer Kinder.

Eberlein, Gisela
Ängste gesunder Kinder
– Praktische Hilfe bei Lernstörungen –
158 Seiten
7,80 DM
ISBN 3-612-20010-0
ETB 20010

Das Buch
Jedes Kind kämpft mit unbewußten Ängsten, die es in irgendeiner Form hindern, zwanglos fröhlich, aktiv und spontan zu sein. Nervosität, Schlafstörungen, Kontaktschwierigkeiten, ja sogar Asthma, Stottern, Bettnässen sind Folgen dieser Ängste, die durch gezielt angewendete psychologische und pädagogische Entspannungsübungen behoben werden können. Wie, das zeigt dies Buch.

Die Autorin
Dr. med. Gisela Eberlein lehrt in eigener Praxis, in Seminaren und Arbeitsgemeinschaften autogenes Training. Besonders bei Kindern erzielte sie über psychologisch und pädagogisch fundierte Entspannungsmethoden große Erfolge.

Damit der Kindergeburtstag wirklich gelingt.

Kiskalt, Isolde
Wir feiern eine Kinderparty
Spiele, Rezepte, Zaubereien für 4- bis 10jährige
Originalausgabe
128 Seiten
86 Zeichnungen
7,80 DM
ISBN 3-612-20102-6
ETB 20102

Das Buch
Wichtig für eine Kinderparty ist die richtige Vorbereitung. Essen und Trinken, Spiele und Gewinne müssen geplant werden. Dazu findet man in diesem Buch zahlreiche Anregungen und Vorschläge.

Aus dem Inhalt
Vorbereitungen zur Party · Rezepte für Kindergetänke, Gebäck und kleines kaltes Büfett · Bekannte und weniger bekannte Spiele (mit Altersangabe) · Kleine Zaubereien für die Erwachsenen · Zum Ausklang des Festes: eine Tombola.

Die Autorin
Isolde Kiskalt ist Schriftstellerin und bringt hier ihre Erfahrungen, die sie bei Festen für ihre Tochter gewonnen hat.

Naturheil-methoden und heimliche Krankmacher.

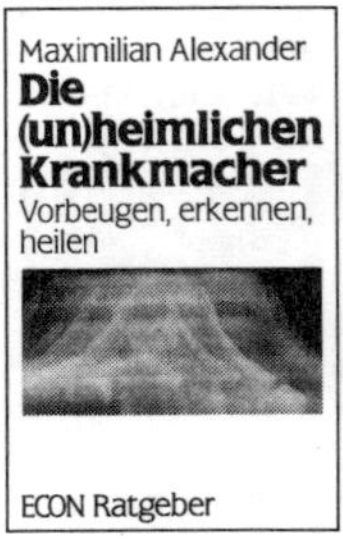

Alexander, Maximilian
Die (un)heimlichen Krankmacher
– Erkennen, Heilen, Vorbeugen –
Originalausgabe
144 Seiten
9,80 DM
ISBN 3-612-20039-9
ETB 20039

Das Buch
Die verborgenen Krankheitsursachen sind das große Handicap der konservativen Schulmedizin, die Krankheitssymptome werden mit höchst bedenklichen Mitteln der Chemie unterdrückt.
Die moderne Naturmedizin aber geht auf den Menschen als Ganzes ein und hilft, Störfelder, vergiftete Stoffwechsellagen, Wirbelsäulenveränderungen, nervale Blokkaden, Lymphstauungen, Psychotoxine, Blutdruck, Durchblutungsstörungen, Sauerstoffmangel, Allergien, Wetterfühligkeit und Therapieschäden zu normalisieren. Ein Krankheits- und Heilmittelregister schließt das Buch ab.

Der Autor
Maximilian Alexander arbeitet seit vielen Jahren als freier Journalist und Schriftsteller. Seine Spezialgebiete sind Medizin und Naturheilkunde.

Biomedizin – die natürliche Alternative.

Alexander, Maximilian/Zoubek, Eugen
Schmerzfrei durch Biomedizin
– Neue Naturheilmethoden –
143 Seiten
6,80 DM
ISBN 3-612-20000-3
ETB 20000

Das Buch
Akute und chronische Schmerzzustände sind das Schicksal vieler Menschen und können oft einen Lebensweg beeinflussen und prägen. Die Biomedizin bietet eine natürliche Alternative zu den herkömmlichen Schmerzmitteln.
Wirksame Präparate, auf rein biologischer Basis hergestellt, helfen Schmerzen ohne schädliche Nebenwirkungen überwinden, mobilisieren Eigenkräfte und setzen einen natürlichen Heilungsprozeß in Gang. Anhand zahlreicher Praxisbeispiele zeigen die Autoren, mit welchen Mitteln der modernen Naturmedizin der Mensch Krankheiten und Schmerzen vorbeugen und sich selbst erfolgreich behandeln kann.

Die Autoren
Maximilian Alexander arbeitet seit vielen Jahren als freier Journalist und Schriftsteller. Seine Spezialgebiete sind Medizin und Naturheilkunde.
Eugen Zoubek ist Homöopath und Arzt.

Nie mehr Verstopfung.

Leibold, Gerhard
Gesund und fit durch Ballaststoffe
Originalausgabe
140 Seiten
5 Zeichnungen
7,80 DM
ISBN 3-612-20082-8
ETB 20082

Das Buch
Ballaststoffe sind wichtige Bestandteile der menschlichen Nahrung. Der Autor schildert die Notwendigkeit der Verwendung und die Gefahren für die Gesundheit bei Mangel an Ballaststoffen.

Aus dem Inhalt
Was sind Ballaststoffe? · Natürliche Ballaststoffquellen · Stuhlgang ohne Probleme · Regulierung der Blutfett- und Blutzuckerwerte · Vorbeugung von Krebskrankheiten · Krank durch Ballaststoffmangel · Richtige Ernährung · Rezepte für ballaststoffreiche Ernährung.

Der Autor
Gerhard Leibold ist erfahrener Heilpraktiker und Autor zahlreicher Sachbücher.

Krankheiten erkennen und selbst behandeln.

Bierach, Alfred
Reflexzonentherapie
– Krankheiten erkennen und selbst behandeln –
123 Seiten
89 Zeichnungen
46 Fotos
6,80 DM
ISBN 3-612-20002-X
ETB 20002

Das Buch
Geistige Anspannung und körperliche Verkrampfung führen oft zu Verhärtung oder Knötchen, da von den inneren Organen Reflexbahnen zur Körperdecke laufen, die diese verändern. Durch Reflexzonenmassage kann man über bestimmte Gebiete der Körperdecke auf innere Organe einwirken, Schmerz lindern oder heilen.
Die exakte Bebilderung in diesem Buch zeigt, welche Körperzonen bei welchen Erkrankungen behandelt werden sollen.

Der Autor
Alfred Bierach leitet eine eigene Praxis für Psychotherapie und Naturheilkunde am Bodensee. Seit Jahren wendet er Reflexzonenmassage erfolgreich an.

Primadonna, die man lieben muß.

Eilert-Overbeck, B.
Meine Katze
Verhalten, Ernährung, Pflege
Originalausgabe
140 Seiten
24 Zeichnungen
8,80 DM
ISBN 3-612-20151-4
ETB 20151

Das Buch
Katzen wollen den Familienanschluß, ja sogar die „Gleichberechtigung" von ihrem menschlichen Wohngenossen. Sie können zärtliche Schmusetiere sein, aber sie können auch das Erbe ihrer wilden Verwandten nicht leugnen. In diesem Buch erfährt man alles, was für das Zusammenleben und Verständnis notwendig ist.

Aus dem Inhalt
Die Katze – ein Tier mit Persönlichkeit · Grundvoraussetzungen für die Katzenhaltung · Eine Katze kommt in die Familie · Wohnungskatze oder „Freiläufer" · Ernährung und Pflege · Gesundheit und Geburtenkontrolle · Welche Katze soll es sein?

Die Autorin
Brigitte Eilert-Overbeck ist Journalistin und Autorin mehrerer Katzenbücher.

Das Buch erscheint als Begleitbuch zur ZDF-Serie „Mit Tieren leben".

Das Rauhbein mit der zarten Seele.

Nimz, Arnt-Günter
Mein Hund
Verhalten, Erziehung, Pflege
Originalausgabe
128 Seiten
ca. 30 Zeichnungen
8,80 DM
ISBN 3-612-20150-6
ETB 20150

Das Buch
Hunde sind die treuesten Haustiere, ob es nun Rassehunde oder Mischlinge sind. In diesem Buch wird von einem kompetenten Autor alles das beschrieben, was wichtig ist für das Zusammenleben von Hund und Mensch, sowohl in der Stadt als auch auf dem Land.

Aus dem Inhalt
Welcher Hund ist der richtige? · Kleine Hundepsychologie · Erziehung des Hundes · Richtige Ernährung · Hund und Kind · Der vierbeinige Patient · Mit Hund auf Reisen · Leben mit Hunden.

Der Autor
Dr. med. vet. A.-G. Nimz ist Kleintierarzt mit eigener Praxis und hat jahrelange Erfahrung im Umgang mit Hunden.

Das Buch erscheint als Begleitbuch zur ZDF-Serie „Mit Tieren leben".

Mischlinge haben die besten Charaktere.

Spangenberg, Rolf
Klassehunde ohne Rasse
Freundschaft, die nie enttäuscht
224 Seiten
30 Fotos
9,80 DM
ISBN 3-612-20109-3
ETB 20109

Das Buch
Eine „Promenadenmischung" werden sie oft abfällig genannt, die liebenswerten Hunde, die auf keinen makellosen Stammbaum zurückblicken können. Dabei sind sie besonders kraftvoll, widerstandsfähig und anhänglich.

Aus dem Inhalt
Erwerb · Rassenstolz · Hundeknigge · Körpersignale kultivieren · Stimmklang modulieren · Soziale Stellung betonen · Hundestrafen · Haltung und Pflege · Der erste Tag · Der Alltag · Hundeliebe · Tierquälerei · Tierschutzvereine und Tierheime

Der Autor
Dr. Rolf Spangenberg ist Tierarzt und Sachbuchautor.

Meine ersten eigenen Fische.

Mayland, Hans J.
Aquarium für Anfänger
Beckenarten, Aquarientechnik, Bepflanzung, Fische
Originalausgabe
144 Seiten, 30 Farbfotos, 60 Zeichnungen
9,80 DM
ISBN 3-612-20100-X
ETB 20100

Das Buch
Fische sind nicht nur schön, sie stellen auch ein wahres Nervenelixier dar. Das Aquarium und seine Pflege sind ein Hobby für die ganze Familie. Kinder lernen das Wunder der Fortpflanzung sowie die Liebe zur Kreatur.

Aus dem Inhalt
Welchen Aquarientyp brauchen wir? · Wohin mit dem Aquarium? · Größe und Gewicht eines Aquariums · Keine Angst vor der Technik! · Einrichtung des Beckens · Das Wasser · Über die Bepflanzung · Die Fische · Fütterung · Aquarienmedizin

Der Autor
Hans J. Mayland ist der bekannteste deutsche Aquaristik-Autor.

Starkes Selbstvertrauen für eine erfolgreiche Bewerbung.

Wülfrath, Heiner Kurt
Sich erfolgreich bewerben und vorstellen
– Ein praktischer Ratgeber für Stellensuchende –
Originalausgabe, 90 S.
5,80 DM
ISBN 3-612-21004-1
ETB 21004

Das Buch
Mit steigender Zahl der Arbeitslosen wird auch die Konkurrenz unter den Stellensuchenden größer. Die Chancen des einzelnen nehmen mit der effizienten schriftlichen und mündlichen Form einer Bewerbung zu. In systematischer Abfolge erfährt der Leser, wo er die meisten Stellenanzeigen findet, wie er Anzeigen analysiert, welche Bewerbungsformen es gibt, welche am vorteilhaftesten sind, welches Bewerbungsmaterial er benötigt, wie er die schriftliche Bewerbung aufbaut und formuliert, wie man sich auf ein Vorstellungsgespräch vorbereitet, wie man Gehaltsverhandlungen führt und was man beim Vertragsabschluß berücksichtigen muß.

Der Autor
Heiner K. Wülfrath ist Exportleiter. Er hat sich viele Jahre intensiv mit der Auswertung von Bewerbungen und der Personalauswahl beschäftigt.

Was meint der Arbeitgeber wirklich?

Lucas, Manfred
Arbeitszeugnisse richtig deuten
Originalausgabe
128 Seiten
8,80 DM
ISBN 3-612-21016-5
ETB 21016

Das Buch
Man erhält ein Zeugnis, aber was bedeuten eigentlich die verschiedenen Formulierungen? Was heißt „Zu unserer vollsten Zufriedenheit" oder „Der Mitarbeiter hat sich um den Betrieb verdient gemacht"? Dieses Buch gibt auf alle Fragen ausführliche Antwort.

Aus dem Inhalt
Rechtliche Grundlagen · Bedeutung des Zeugnisses · Haftung des Arbeitgebers · Zeugnisse bei der Vorstellung · Zeugnisse während des Arbeitsverhältnisses · Zeugnisse bei Beendigung des Arbeitsverhältnisses · Einfaches Zeugnis · Qualifiziertes Zeugnis · Ersatzzeugnis.

Der Autor
Manfred Lucas ist Dozent in der Erwachsenenbildung mit Schwerpunkt Bewerbung.

Der Selbständige ist sein eigener Herr.

Forster, Edgar A.
Sich selbständig machen – gewußt wie
Originalausgabe
192 Seiten
9,80 DM
ISBN 3-612-21001-7
ETB 21001

Das Buch
Das Risiko, seinen Arbeitsplatz zu verlieren, nimmt in Zeiten wirtschaftlicher Sparmaßnahmen ständig zu. Der Trend zum selbständigen Arbeiten, zum eigenständigen Tragen aller beruflichen Verantwortung, zur Unabhängigkeit, ist verbreitet. Von der Idee und den Voraussetzungen über die Konzeption, mit und ohne Hilfe von Unternehmensberatungen, über Finanzierungsmöglichkeiten, rechtliche, steuerliche und versicherungstechnische Richtlinien bis hin zu Pressearbeit, Werbung, Absatz und Vertrieb werden alle wesentlichen Fragen beantwortet. Praktische Beispiele veranschaulichen den Text.

Der Herausgeber
Dr. Edgar A. Forster ist Volkswirt und arbeitet als Unternehmensberater und Repräsentant des Bundesverbandes für Selbständige in München.

Partner gewinnen. Partner überzeugen.

Holzheu, Harry
Gesprächspartner bewußt für sich gewinnen.
– Psychologie und Technik des partnerorientierten Verhaltens
Originalausgabe
192 Seiten
8,80 DM
ISBN 3-612-21003-3
ETB 21003

Das Buch
Momentane Verhandlungsergebnisse werden hinterher wieder in Frage gestellt, Vereinbarungen angezweifelt, Zugeständnisse rückgängig gemacht. Partnerorientiertes Verhalten – eine neue Methode der Gesprächsführung – soll langfristig Erfolge bringen und eine dauerhafte Partnerschaft mit den Verhandlungspartnern sichern. Der Autor zeigt, wie man seinen eigenen Standpunkt verteidigt, ohne den Partner zu verletzen, wie man Partner gewinnt, wie man Partner überzeugt, ohne daß sie ihr Selbstwertgefühl verlieren, wie Ich-Aussagen als Ausdruck der eigenen Meinung ohne Vorwürfe und Anklagen formuliert und wie Du-Aussagen im Sinne des aktiven Zuhörens umgesetzt werden.

Der Autor
Harry Holzheu ist Psychologe und Verkaufstrainer. Er war 17 Jahre in Großkonzernen tätig und ist heute anerkannter Spitzentrainer.

ETB-GESAMTVERZEICHNIS ECON RATGEBER

Gesundheit

Maximilian Alexander
Die (un)heimlichen Krankmacher
Vorbeugen, erkennen, heilen

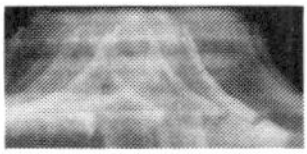

ECON Ratgeber

ETB 20039 **DM 9,80**
Originalausgabe,
144 Seiten

Wolf Ulrich
Allergien sind heilbar
Hilfe bei Heuschnupfen und anderen allergischen Krankheiten

ECON Ratgeber

ETB 20023 **DM 8,80**
159 Seiten,
14 Zeichnungen

Maximilian Alexander
Rheuma ist heilbar
Neueste Naturheilmethoden

ECON Ratgeber

ETB 20017 **DM 7,80**
142 Seiten

Bernard A. Bäker
Gelenkerkrankungen

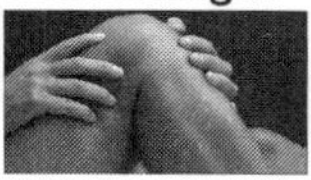

Arthritis, Arthrose, Gelenkrheuma

ECON Ratgeber

ETB 20080 **DM 8,80**
141 Seiten,
57 Zeichnungen,
12 Fotos

Gerhard Leibold
Das Kreuz mit dem Kreuz

Bandscheibenschäden vorbeugen und heilen

ECON Ratgeber

ETB 20133 **DM 7,80**
Originalausgabe,
ca. 144 Seiten,
15 Zeichnungen

Bernard A. Bäker
Migräne und Kopfschmerzen sind heilbar

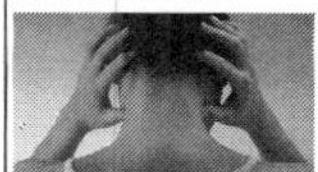

ECON Ratgeber

ETB 20063 **DM 7,80**
115 Seiten,
6 Zeichnungen

Werner Zenker
Mit Asthma leben lernen

ECON Ratgeber

ETB 20049 **DM 7,80**
Originalausgabe,
173 Seiten

Werner Zenker
Mein Kind hat Asthma

ECON Ratgeber

ETB 20037 **DM 9,80**
Originalausgabe,
202 Seiten

Martin Schwartz
Stottern ist heilbar

Erfolgreiche Behandlungsmethoden

ECON Ratgeber

ETB 20057 **DM 7,80**
176 Seiten

Gerhard Leibold
Die Schilddrüse

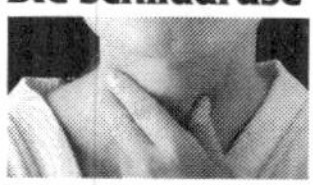

Krankheiten vorbeugen und behandeln

ECON Ratgeber

ETB 20106 **DM 7,80**
Originalausgabe,
ca. 128 Seiten,
4 Zeichnungen

Bernard A. Bäker
Brustkrebs

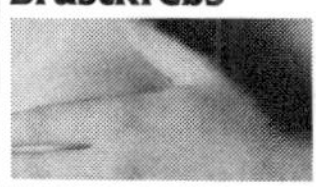

Vorbeugen, erkennen, handeln

ECON Ratgeber

ETB 20107 **DM 8,80**
Originalausgabe,
ca. 176 Seiten,
Zeichnungen

Gerhard Leibold
Risikofaktor Cholesterin

Erkennen und vorbeugen

ECON Ratgeber

ETB 20083 **DM 7,80**
Originalausgabe,
138 Seiten, 5 Zeichnungen

Michael Eisenberg
Magenkrank?

Behandlung und Heilung

ECON Ratgeber

ETB 20068 **DM 8,80**
159 Seiten,
14 Zeichnungen

Angela Kilmartin
Blasenentzündung

Vorbeugen und selbst behandeln

ECON Ratgeber

ETB 20072 **DM 8,80**
164 Seiten,
18 Zeichnungen

Wolf Ulrich
Zellulitis ist heilbar
Orangenhaut – vorbeugen und selbst behandeln

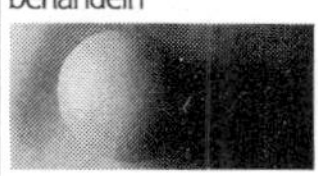

ECON Ratgeber

ETB 20012 **DM 6,80**
128 Seiten,
51 Fotos

P. van Keep/L. Jaszmann
Die Wechseljahre der Frau

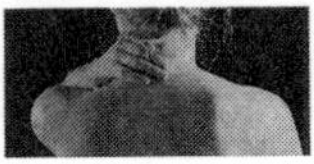

ECON Ratgeber

ETB 20013 **DM 6,80**
139 Seiten,
6 Zeichnungen

Karl Heinz Reger
Sibylle Reger-Nowy
Herpes

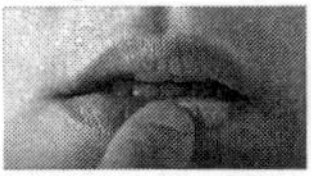

Erkennen und behandeln

ECON Ratgeber

ETB 20096 **DM 8,80**
Aktualisierte und erweiterte Neuausgabe,
160 S., 16 Zeichnungen, 8 Fotos

Karl Heinz Reger
Petra Haimhausen
AIDS

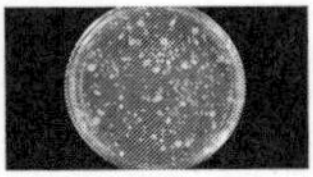

Die neue Seuche des 20. Jahrhunderts

ECON Ratgeber

ETB 20084 **DM 8,80**
Aktualisierte und erweiterte Neuausgabe,
134 Seiten

Rainer Haun
Der mündige Patient

Vom kritischen Umgang mit Ärzten

ECON Ratgeber

ETB 20078 **DM 9,80**
222 Seiten

Donald Vickery
James F. Fries
Zum Arzt – oder nicht?
Krankheiten erkennen und das Richtige tun

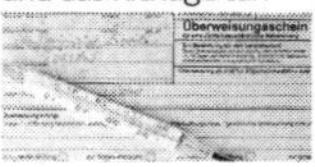

ECON Ratgeber

ETB 20007 **DM 12,80**
304 Seiten,
67 Graphiken

Diagram
Soforthilfe für mein Kind

Bei Unfällen und Krankheiten

ECON Ratgeber

ETB 20115 **DM 7,80**
Deutsche Erstausgabe,
128 Seiten,
200 Zeichnungen

Maximilian Alexander
Eugen Zoubek
Schmerzfrei durch Biomedizin
Neue Naturheilmethoden

ECON Ratgeber

ETB 20000 **DM 6,80**
143 Seiten

Gerhard Jäger
Die beste Medizin
Möglichkeiten der Naturheilmittel

ECON Ratgeber

ETB 20027 **DM 7,80**
142 Seiten,
9 Zeichnungen

Ulrich Rückert
Gesund ohne Pillen

Naturheilmittel für jedermann

ECON Ratgeber

ETB 20071 **DM 9,80**
Originalausgabe,
207 Seiten,
23 Zeichnungen

Anton Stangl
Heilen aus geistiger Kraft
Zur Aktivierung innerer Energien

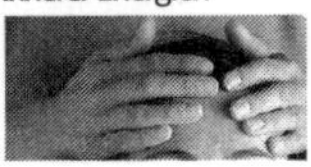

ECON Ratgeber

ETB 20029 **DM 6,80**
143 Seiten

Marie-Luise und Anton Stangl
Hoffnung auf Heilung
Seelisches Gleichgewicht bei schwerer Krankheit

ECON Ratgeber

ETB 20035 **DM 9,80**
Originalausgabe,
234 Seiten

Natalie Rogers
Schluß mit der Erschöpfung

ECON Ratgeber

ETB 20058 **DM 7,80**
Deutsche Erstausgabe,
141 Seiten

Gerhard Leibold
Gesund und fit durch Ballaststoffe

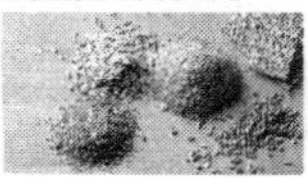

ECON Ratgeber

ETB 20082 **DM 7,80**
Originalausgabe,
140 Seiten,
5 Zeichnungen

Hans A. Bloss
Bewegung tut not

Ein Programm für Sportmuffel

ECON Ratgeber

ETB 20145 **DM 9,80**
Originalausgabe,
ca. 160 Seiten,
20 Zeichnungen

Ute Busch
Karl-Gustav Gies
Nils Waegner
Heilschwimmen

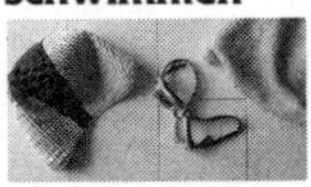

Gesundheitstraining für jung und alt

ECON Ratgeber

ETB 20097 **DM 9,80**
Originalausgabe,
ca. 208 Seiten

Gerhard Jäger
Wasser wirkt Wunder
Natürliche Heilmethoden

ECON Ratgeber

ETB 20006 **DM 6,80**
159 Seiten,
26 Fotos

A. Werner
Wege weg vom Alkohol

ECON Ratgeber

ETB 20075 **DM 9,80**
Originalausgabe,
215 Seiten

Hans Ewald
Akupressur für Jeden

ECON Ratgeber

ETB 20020 **DM 6,80**
111 Seiten,
41 Zeichnungen,
55 Fotos

Hans Ewald
Akupunktur für Jeden
Eine Anleitung in Bildern

ECON Ratgeber

ETB 20005 **DM 6,80**
112 Seiten,
35 Zeichnungen,
43 Fotos

Alfred Bierach
Reflexzonen-therapie
Krankheiten erkennen und selbst behandeln

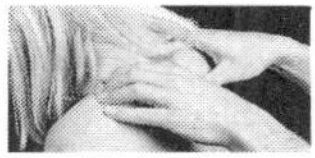

ECON Ratgeber

ETB 20002 **DM 6,80**
123 Seiten,
89 Zeichnungen,
46 Fotos

Chris Stadtlaender
Selbstmassage

Gesund und schön durch eigene Kraft

ECON Ratgeber

ETB 20067 **DM 8,80**
Originalausgabe,
160 Seiten,
29 Zeichnungen

Yukiko Irwin
Shiatzu

Mit 10 Fingern gegen 1000 Krankheiten

ECON Ratgeber

ETB 20140 **DM 9,80**
160 Seiten,
177 Zeichnungen

Hartmut Weiss
Yoga Meditation
Schulung zur Selbstverwirklichung

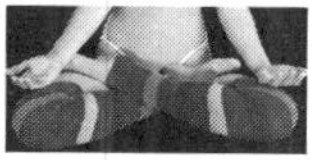

ECON Ratgeber

ETB 20030 **DM 5,80**
126 Seiten,
36 Zeichnungen

Stella Weller
Natürliche Geburt durch Yoga

ECON Ratgeber

ETB 20014 **DM 7,80**
160 Seiten,
64 Fotos

Gisela Eberlein
Gesund durch Autogenes Training

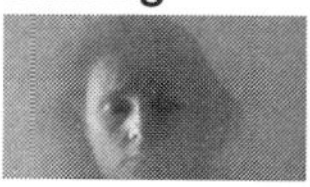

ECON Ratgeber

ETB 20141 **DM 7,80**
132 Seiten,
6 Zeichnungen

Gisela Eberlein
Autogenes Training mit Kindern

ECON Ratgeber

ETB 20004 **DM 6,80**
112 Seiten

Gisela Eberlein
Autogenes Training mit Jugendlichen

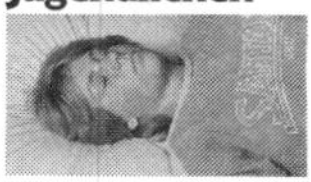

Ziel, Sinn, Praxis

ECON Ratgeber

ETB 20061 **DM 7,80**
126 Seiten

Gisela Eberlein
Autogenes Training für Fort-geschrittene

ECON Ratgeber

ETB 20098 **DM 7,80**
120 Seiten

Cornelia Dunkel
H. Schulz
Boxgymnastik für Frauen

Das neue Fitneßprogramm für den ganzen Körper

ECON Ratgeber

ETB 20149 **DM 8,80**
Originalausgabe,
112 Seiten,
102 Fotos

Frieder Anders
Tai Chi Chuan

Meditation in Bewegung zur Steigerung des Körper-gefühls und zur Festigung der Gesundheit

ECON Ratgeber

ETB 20065 **DM 9,80**
155 Seiten,
217 Fotos,
5 Zeichnungen

Chris Stadtlaender
Natürlich schön durch Bio-Kosmetik

ECON Ratgeber

ETB 20025 **DM 9,80**
174 Seiten, 16 Zeichnungen,
5 Farbfotos,
253 Rezepte

Essen und Trinken

Ilse Sibylle Dörner
Das grüne Kochbuch
Handbuch der naturbelassenen Küche

ECON Ratgeber

ETB 20026 **DM 12,80**
270 Seiten,
20 Zeichnungen,
382 Rezepte

Helma Danner
Biologisch kochen und backen
Das Rezeptbuch der natürlichen Ernährung

ECON Ratgeber

ETB 20003 **DM 14,80**
288 Seiten,
8 Farbtafeln,
425 Rezepte

Ilse Sibylle Dörner
Diät mit Bio-Kost
Schlank, gesund und fit

ECON Ratgeber

ETB 20019 **DM 9,80**
Originalausgabe,
189 Seiten, 16 Zeichnungen,
232 Rezepte

Helma Danner
Bio-Kost für mein Kind

ECON Ratgeber

ETB 20050 **DM 8,80**
160 Seiten,
20 Zeichnungen

Anneliese und Gerhard Eckert
Selbst räuchern

Fische, Fleisch und Wurst ... Rezepte

ECON Ratgeber

ETB 20087 **DM 9,80**
Originalausgabe,
144 Seiten,
Zeichnungen

Veronika Müller
Käse und Joghurt selbst herstellen

Mit 100 Rezepten zum Kochen
Originalausgabe

ECON Ratgeber

ETB 20136 **DM 8,80**
Originalausgabe,
ca. 128 Seiten,
20 Zeichnungen

Heidemarie Freund
Marmeladen, Konfitüren und Gelees

150 Rezepte
Originalausgabe

ECON Ratgeber

ETB 20144 **DM 9,80**
Originalausgabe,
ca. 128 Seiten,
Zeichnungen

Ilse Sibylle Dörner
Kochen und heilen mit Honig

ECON Ratgeber

ETB 20070 **DM 9,80**
221 Seiten,
15 Zeichnungen,
516 Rezepte

Peter Espe
Tips für den Weinkauf

Band 1: Das Grundwissen

ECON Ratgeber

ETB 20148 **DM 8,80**
168 Seiten,
20 Zeichnungen

Katharina Buss
Leib- und Magenelixiere
Selbstgemachte Liköre und Schnäpse

ECON Ratgeber

ETB 20018 **DM 8,80**
Originalausgabe,
144 Seiten, 30 Zeichnungen,
4 Farbtafeln, 167 Rezepte

Peter C. Hubschmid
Tee – für Kenner und Genießer

Ein Brevier mit 40 Teerezepten

ECON Ratgeber

ETB 20073 **DM 8,80**
Originalausgabe,
144 Seiten,
20 Zeichnungen

Gini Rock
Aus der Bohne wird Kaffee
80 Rezepte zur Zubereitung eines klassischen Getränks

ECON Ratgeber

ETB 20048 **DM 8,80**
Originalausgabe,
168 Seiten,
37 Abbildungen

Natur

Heidrun und Friedrich Jantzen
Das Gartenjahr im Gemüsegarten

ECON Ratgeber

ETB 20108 **DM 9,80**
Originalausgabe,
ca. 128 Seiten,
ca. 100 Zeichnungen und Fotos

Ina Jung
Biologisch düngen

Gesunder Boden, weniger Schadstoffbelastung, mehr Ertrag

ECON Ratgeber

ETB 20134 **DM 9,80**
Originalausgabe,
ca. 128 Seiten,
ca. 50 Zeichnungen

Hobby

Heidemarie Freund
Schöne Geschenke selbst gebastelt

Originalausgabe
ECON Ratgeber

ETB 20088 **DM 8,80**
Originalausgabe,
112 Seiten,
ca. 70 Zeichnungen

Heidemarie Freund
Basteln mit Kindern

Zauberhafte Ideen für 4- bis 10jährige
Originalausgabe
ECON Ratgeber

ETB 20101 **DM 8,80**
Originalausgabe,
112 Seiten,
ca. 70 Zeichnungen

Christel Keller
Seidenmalerei

ECON Ratgeber

ETB 20137 **DM 14,80**
Originalausgabe,
112 Seiten,
ca. 30 Fotos, 16 Farbtafeln

Eva Gabisch
Chinesische Malerei
Anleitung für ein schöpferisches Hobby

ECON Ratgeber

ETB 20011 **DM 5,80**
95 Seiten,
3 Farbtafeln,
70 Zeichnungen

Annette Arnold
Kerzen und Figuren aus Bienenwachs

Anleitung zum Selbermachen
ECON Ratgeber

ETB 20110 **DM 9,80**
Originalausgabe,
128 Seiten,
ca. 50 Fotos und Zeichnungen

Edda Biesterfeld
Kleine Kunst auf weißem Gold
Ein Kurs zum Erlernen der Porzellanmalerei

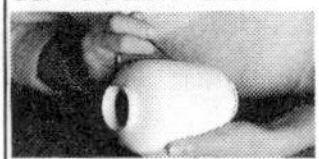

ECON Ratgeber

ETB 20009 **DM 8,80**
157 Seiten,
16 Farbfotos,
80 Zeichnungen

Dieter Heitmann
Holz – das natürlichste Spielzeug der Welt
Ideen zum Selbermachen

ECON Ratgeber

ETB 20034 **DM 12,80**
122 Seiten,
68 Fotos, 13 Farbfotos,
100 Zeichnungen

Klaus Oberbeil
Kaufen und verkaufen auf dem Flohmarkt

ECON Ratgeber

ETB 20079 **DM 8,80**
Originalausgabe,
160 Seiten

Heiner Vogelsang
Trödel sammeln und restaurieren
1000 Tips für den Umgang mit alten Stücken

ECON Ratgeber

ETB 20042 **DM 12,80**
Originalausgabe,
174 Seiten, 8 Farbtafeln,
36 Zeichnungen

Helmut-Maria Glogger
Kunst und Antiquitäten sachkundig kaufen

ECON Ratgeber

ETB 20089 **DM 14,80**
Originalausgabe,
ca. 180 Seiten,
ca. 40 Zeichnungen

Siegfried Sterner
Hausmusik
Vergnügen in Dur und Moll

ECON Ratgeber

ETB 20036 **DM 9,80**
187 Seiten,
31 Zeichnungen

Spiele und Unterhaltung

H. Otake
S. Futakuchi
Go

Das Einführungsbuch des Deutschen Go-Bundes
ECON Ratgeber

ETB 20103 **DM 9,80**
Deutsche Erstausgabe,
200 Seiten,
250 Diagramme

Alfred Schwarz
Backgammon

Das offizielle Regelbuch des Deutschen Backgammon-Bundes
ECON Ratgeber

ETB 20112 **DM 9,80**
Originalausgabe,
ca. 128 Seiten,
116 Zeichnungen

Ruth Dirx
Kinderspiele von Januar bis Dezember
Unterhaltung für Mädchen, Jungen und Eltern

ECON Ratgeber

ETB 20032 **DM 7,80**
175 Seiten,
55 Zeichnungen,
198 Spielideen

Isolde Kiskalt
Wir feiern eine Kinderparty

Spiele, Rezepte, Zaubereien für 4- bis 10jährige

ECON Ratgeber

ETB 20102 **DM 7,80**
Originalausgabe,
128 Seiten,
86 Zeichnungen

Martin Weghorn
1000 Fragen zur Umwelt

Ein Quizbuch für Wissen und Unterhaltung

ECON Ratgeber

ETB 20090 **DM 7,80**
Originalausgabe,
128 Seiten,
ca. 100 Zeichnungen

Martin Weghorn
1000 Fragen zur Geographie

Ein Quizbuch für Wissen und Unterhaltung

ECON Ratgeber

ETB 20111 **DM 7,80**
Originalausgabe,
ca. 128 Seiten,
ca. 10 Zeichnungen

Martin Weghorn
1000 Fragen zur Geschichte

Ein Quizbuch für Wissen und Unterhaltung

ECON Ratgeber

ETB 20138 **DM 7,80**
Originalausgabe,
ca. 128 Seiten

Reden, Briefe, deutsche Sprache

Edith Hallwass
Gutes Deutsch in allen Lebenslagen

ECON Ratgeber

ETB 20139 **DM 14,80**
530 Seiten

Heidemarie Müller
Die schönsten Poesiealbumverse

ECON Ratgeber

ETB 20092 **DM 6,80**
Originalausgabe,
111 Seiten

Frank Hercher
Ansprachen, Reden, Toasts

Für alle Gelegenheiten

ECON Ratgeber

ETB 20093 **DM 9,80**
224 Seiten

Franz Bludau
Liebesbriefe

Musterbriefe für Verliebte

ECON Ratgeber

ETB 20105 **DM 7,80**
Originalausgabe,
ca. 128 Seiten

Brigitte Otto
Vornamen

Herkunft und Bedeutung
Von Abigail bis Zygmunt

Originalausgabe

ECON Ratgeber

ETB 20113 **DM 7,80**
Originalausgabe,
ca. 160 Seiten

Lebenshilfe

Peter Lauster
Lassen Sie sich nichts gefallen

Die Kunst,
sich durchzusetzen
Mut zum Ich

ECON

ETB 20081 **DM 12,80**
285 Seiten,
33 Zeichnungen

Anton und Marie-Luise Stangl
Lebenskraft

Selbstverwirklichung durch Eutonie und Zen

ECON Ratgeber

ETB 20094 **DM 12,80**
296 Seiten

Marie-Luise Stangl
Jede Minute sinnvoll leben
Vertrauen zu sich selbst gewinnen

ECON Ratgeber

ETB 20015 **DM 5,80**
123 Seiten

Marie-Luise Stangl
Die Welt der Chakren
Praktische Übungen zur Seins-Erfahrung

ECON Ratgeber

ETB 20022 **DM 5,80**
Originalausgabe,
107 Seiten,
49 Zeichnungen

Joseph Wolpe
Unsere sinnlosen Ängste
Wege zu ihrer Überwindung

ECON Ratgeber

ETB 20031 **DM 8,80**
204 Seiten

Bernhard Müller-Elmau
Kräfte aus der Stille
Die transzendentale Meditation

ECON Ratgeber

ETB 20021 **DM 7,80**
191 Seiten

Gerhard Leibold
Körpertherapie

Einklang von Körper, Geist und Psyche
ECON Ratgeber

ETB 20114 **DM 7,80**
Originalausgabe, ca. 160 Seiten, 15 Zeichnungen

Marianne Schneider-Düker
Gruppenpsychotherapie
Methoden, Probleme, Erfolge

ECON Ratgeber

ETB 20055 **DM 7,80**
135 Seiten, 6 Abbildungen

Peter Lauster
Statussymbole

Wie jeder jeden beeindrucken will
ECON

ETB 20104 **DM 9,80**
204 Seiten, 25 Zeichnungen

Maximilian Alexander
Schein und Wirklichkeit der Sekten

ECON Ratgeber

ETB 20069 **DM 9,80**
Originalausgabe, ca. 192 Seiten

Alfred Bierach
Schlank im Schlaf durch vertiefte Entspannung
Die SIS-Methode

ECON Ratgeber

ETB 20008 **DM 6,80**
144 Seiten, 1 Graphik

Waltraud Simon
Praxis der Eheinstitute

ECON Ratgeber

ETB 20062 **DM 8,80**
Originalausgabe, 139 Seiten

Mavis Klein
Ein Partner für mich
Wege zu Freundschaft und Liebe

ECON Ratgeber

ETB 20028 **DM 7,80**
156 Seiten, 21 Graphiken

Debora Phillips
Robert Judd
Das Ende einer Zweierbeziehung

Auf dem Weg zum neuen Ich
ECON Ratgeber

ETB 20066 **DM 8,80**
Deutsche Erstausgabe, 143 Seiten

Stephen M. Johnson
Nach der Trennung wieder glücklich

ECON Ratgeber

ETB 20041 **DM 9,80**
287 Seiten

Roland Kopping
Träume und ihre Deutung

ECON Ratgeber

ETB 20120 **DM 9,80**
Originalausgabe, ca. 200 Seiten

Georg Götte
Ahnenforschung

So erstellt man seinen Stammbaum
ECON Ratgeber

ETB 20119 **DM 8,80**
Originalausgabe, ca. 144 Seiten, 10 Zeichnungen

Manfred Lucas
Hören, um gehört zu werden
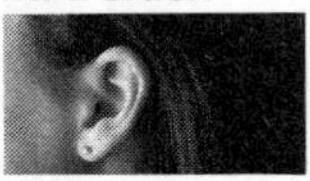
Die Kunst des richtigen Zuhörens
ECON Ratgeber

ETB 20146 **DM 8,80**
Originalausgabe, ca. 128 Seiten

Bernd Kirchner
Die trügerische Sicherheit
Tips für den Umgang mit Versicherungen

ECON Ratgeber

ETB 20053 **DM 9,80**
205 Seiten

Kinder- und Schülerhilfen

W. Zeise/J. A. Stöhr
Kinder-Medizin, Pädagogik, Psychologie
Ein Lexikon
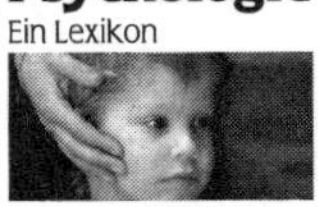
ECON Ratgeber

ETB 20043 **DM 16,80**
Aktualisierte Neuausgabe, 534 Seiten, 111 Zeichnungen

Emil und Octavia Wieczorek
So fördere ich mein Kind
100 psychopädagogisch erprobte Spiele

ECON Ratgeber

ETB 20054 **DM 8,80**
Originalausgabe,
182 Seiten

Hannes Lachenmair
Eltern-initiativen
Wir organisieren einen Kindergarten

ECON Ratgeber

ETB 20046 **DM 9,80**
Originalausgabe,
204 Seiten

Fitzhugh Dodson
Väter sind die besten Mütter

Kinder brauchen ihre Väter

ECON Ratgeber

ETB 20056 **DM 9,80**
280 Seiten

Günther Beyer
So lernen Schüler leichter
Gedächtnis- und Konzentrationstraining

ECON Ratgeber

ETB 20001 **DM 6,80**
128 Seiten,
92 Zeichnungen,
49 Übungen

Arnold Grömminger
Kinder wollen lesen
Über die sinnvolle Auswahl von Büchern

ECON Ratgeber

ETB 20033 **DM 7,80**
112 Seiten

Uwe-Jörg Jopt
Schlechte Schüler - faule Schüler?
Wie Eltern helfen können

ECON Ratgeber

ETB 20045 **DM 7,80**
143 Seiten

Rudolf Meinert
Mein Kind in der Pubertät

ECON Ratgeber

ETB 20047 **DM 7,80**
136 Seiten

Gisela Eberlein
Ängste gesunder Kinder
Praktische Hilfe bei Lernstörungen

ECON Ratgeber

ETB 20010 **DM 7,80**
158 Seiten

Joan Freeman
Erziehung und Intelligenz
Natürliche Anlagen erkennen und fördern

ECON Ratgeber

ETB 20044 **DM 9,80**
191 Seiten

Jerry Jacobs
Ich weiß keinen Ausweg mehr
Hilfe für selbstmord-gefährdete Jugendliche

ECON Ratgeber

ETB 20040 **DM 9,80**
176 Seiten

Astrologie

Hanns-Manfred Heuer
Mein Kind ist Widder

Vom 21. März bis 20. April

ECON Ratgeber

ETB 20121 **DM 6,80**
112 Seiten,
10 Zeichnungen

Hanns-Manfred Heuer
Mein Kind ist Stier

Vom 21. April bis 20. Mai

ECON Ratgeber

ETB 20122 **DM 6,80**
112 Seiten,
10 Zeichnungen

Hanns-Manfred Heuer
Mein Kind ist Zwilling

Vom 21. Mai bis 21. Juni

ECON Ratgeber

ETB 20123 **DM 6,80**
112 Seiten,
10 Zeichnungen

Hanns-Manfred Heuer
Mein Kind ist Krebs

Vom 22. Juni bis 22. Juli

ECON Ratgeber

ETB 20124 **DM 6,80**
112 Seiten,
10 Zeichnungen

Hanns-Manfred Heuer
Mein Kind ist Löwe

Vom 23. Juli bis 23. August

ECON Ratgeber

ETB 20125 **DM 6,80**
112 Seiten,
10 Zeichnungen

Hanns-Manfred Heuer
Mein Kind ist Jungfrau

Vom 24. August bis 23. September
ECON Ratgeber
ETB 20126 **DM 6,80**
112 Seiten,
10 Zeichnungen

Hanns-Manfred Heuer
Mein Kind ist Waage
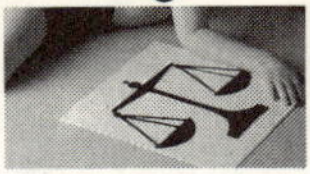
Vom 24. September bis 23. Oktober
ECON Ratgeber
ETB 20127 **DM 6,80**
112 Seiten,
10 Zeichnungen

Hanns-Manfred Heuer
Mein Kind ist Skorpion

Vom 24. Oktober bis 22. November
ECON Ratgeber
ETB 20128 **DM 6,80**
112 Seiten,
10 Zeichnungen

Hanns-Manfred Heuer
Mein Kind ist Schütze

Vom 23. November bis 21. Dezember
ECON Ratgeber
ETB 20129 **DM 6,80**
112 Seiten,
10 Zeichnungen

Hanns-Manfred Heuer
Mein Kind ist Steinbock

Vom 22. Dezember bis 20. Januar
ECON Ratgeber
ETB 20130 **DM 6,80**
112 Seiten,
10 Zeichnungen

Hanns-Manfred Heuer
Mein Kind ist Wassermann

Vom 21. Januar bis 19. Februar
ECON Ratgeber
ETB 20131 **DM 6,80**
112 Seiten,
10 Zeichnungen

Hanns-Manfred Heuer
Mein Kind ist Fisch

Vom 20. Februar bis 20. März
ECON Ratgeber
ETB 20132 **DM 6,80**
112 Seiten,
10 Zeichnungen

Umwelt, Ökologie

Sabine Bahnemann
Alltagsökologie
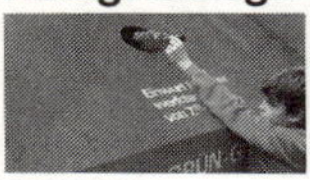
Global denken – lokal handeln
ECON Ratgeber
ETB 20064 **DM 9,80**
Originalausgabe,
222 Seiten,
über 100 Zeichnungen

Robert Müller
Giftige Stoffe im Haushalt
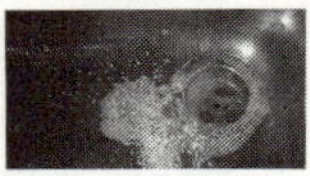
Verhaltensempfehlungen und Richtlinien
Originalausgabe
ECON Ratgeber
ETB 20095 **DM 8,80**
Originalausgabe,
160 Seiten,
ca. 10 Abbildungen

E. Dölle/W. Koch
Selbstversorgung – aber wie
Unabhängigkeit für Stadt- und Landbewohner

ECON Ratgeber
ETB 20051 **DM 9,80**
Originalausgabe,
191 Seiten,
68 Zeichnungen

Praxis

Edgar Forster
Sich selbständig machen – gewußt wie

ECON Praxis
ETB 21001 **DM 9,80**
Originalausgabe,
192 Seiten

Heiner Kurt Wülfrath
Sich erfolgreich bewerben und vorstellen

Ein praktischer Ratgeber für Stellensuchende
ECON Praxis
ETB 21004 **DM 5,80**
Originalausgabe,
90 Seiten

Manfred Lucas
Bewerbungsgespräche erfolgreich führen

ECON Praxis
ETB 21020 **DM 8,80**
Originalausgabe,
ca. 128 Seiten

Manfred Lucas

Arbeitszeugnisse richtig deuten

ECON Praxis

ETB 21016 **DM 8,80**
Originalausgabe,
ca. 128 Seiten

Manfred Bosse

Was tun bei Kündigung?

Rechte und Möglichkeiten des Arbeitnehmers

ECON Praxis

ETB 21014 **DM 9,80**
Originalausgabe,
298 Seiten

Axel Winterstein

Vorankommen durch Weiterbildung

ECON Praxis

ETB 21015 **DM 9,80**
Originalausgabe,
ca. 160 Seiten

Axel Winterstein

Abitur – was dann?

Berufschancen mit und ohne Studium

Mit Eignungstest

ECON Praxis

ETB 21018 **DM 9,80**
Originalausgabe,
ca. 176 Seiten

C.V. Rock

Berufsalternativen für arbeitslose Lehrerinnen und Lehrer

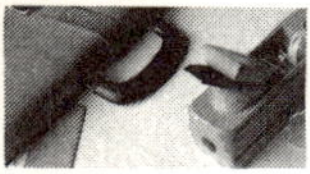

Möglichkeiten in selbständigen und nichtselbständigen Bereichen

ECON Praxis

ETB 21006 **DM 9,80**
Originalausgabe,
191 Seiten

Renate Gorges

Job-Sharing

Möglichkeiten für Arbeitsteilung und Arbeitszeitorganisation

ECON Praxis

ETB 21002 **DM 9,80**
Originalausgabe,
170 Seiten

Harry Holzheu

Gesprächspartner bewußt für sich gewinnen

Psychologie und Technik des partnerorientierten Verhaltens

ECON Praxis

ETB 21003 **DM 8,80**
Originalausgabe,
192 Seiten

Anton Stangl

Das Buch der Verhandlungskunst

Psychologisch richtig verkaufen

ECON Praxis

ETB 21008 **DM 12,80**
376 Seiten

Gerd Ammelburg

Die Rednerschule

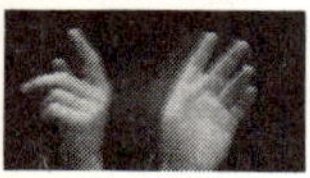

Reden, verhandeln, überzeugen

ECON Praxis

ETB 21010 **DM 12,80**
192 Seiten,
11 Fotos,
25 Zeichnungen

Wolfgang Zielke

Informiert sein ist alles

Die Papierflut sinnvoll nutzen

ECON Praxis

ETB 21007 **DM 8,80**
185 Seiten

Ullrich Sievert

Mehr Zeit für das Wichtige

Prinzipien, Methoden, Techniken

ECON Praxis

ETB 21013 **DM 9,80**
154 Seiten

Rolf W. Schirm

Kürzer, knapper, präziser

Erfolgreiche Kommunikation im Büro

ECON Praxis

ETB 21023 **DM 8,80**
112 Seiten

Jürgen Bleis
Hellmut W. Hofmann

Schach und Management

Wie man zum Zuge kommt

ECON Praxis

ETB 21009 **DM 14,80**
248 Seiten,
37 Diagramme

Antony Jay

Management und Machiavelli

Von der Kunst, oben zu bleiben

ECON Praxis

ETB 21017 **DM 9,80**
264 Seiten

Anton Stangl

Verkaufen muß man können

Eine praktische Verkaufs- und Verhandlungsstrategie

ECON Praxis

ETB 21012 **DM 8,80**
127 Seiten

Klaus Oberbeil

Verkaufen mit Video

Möglichkeiten, Erfahrungen, Zukunftschancen

ECON Praxis

ETB 21005 **DM 12,80**
Originalausgabe,
171 Seiten

ETB 21011 **DM 12,80**
Originalausgabe,
205 Seiten

ETB 21021 **DM 8,80**
Originalausgabe,
ca. 128 Seiten

ETB 21022 **DM 8,80**
Originalausgabe,
ca. 128 Seiten

Bestellschein ETB

Ich bestelle hiermit aus dem
ECON Taschenbuch Verlag,
Postfach 30 03 21, 4000 Düsseldorf 30,
durch die Buchhandlung:

Buchhandlung:

Ex. Ex.

Ex. Ex.

Ex. Ex.

Ex. Ex.

Ex. Ex.

Name:

Straße: Ort:

Datum: Unterschrift:

Preisänderungen und Irrtum vorbehalten. Stand 1. 8. 1985